LA VÉRITÉ

SUR LES ÉVÈNEMENS

DE LYON

AU MOIS D'AVRIL 1834.

Paris. — Imprimerie de G.-A. Dentu,
rue d'Erfurth, n° 1 *bis*.

Frontispice

NOTRE DAME DE FOURVIERES

LA VÉRITÉ

SUR LES ÉVÈNEMENS

DE LYON

AU MOIS D'AVRIL 1834.

Il n'y a beste sauvage au monde si cruelle que l'homme quand il se trouve en main la licence et le moyen d'executer sa passion.

(PLUTARQUE, *Vie de Ciceron*, trad. d'Amyot.)

Au sein d'une paix profonde, nous avons été témoins d'un malheur qu'au milieu de la guerre nos craintes n'auraient pu prévoir.

(SENEQUE, *Epître sur l'incendie de Lyon*.)

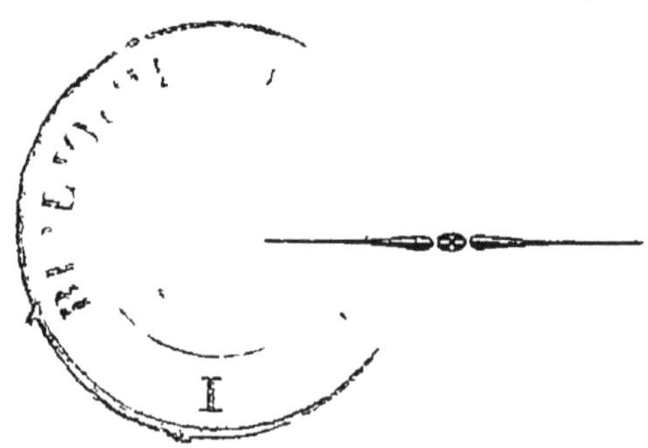

PARIS.

G.-A. DENTU, IMPR.-LIBR.,

PALAIS-ROYAL.

LYON.

CHAMBET, LIBRAIRE,

QUAI DES CELESTINS.

1834.

Ce livre est sans nom d'auteur; il ne pouvait en avoir : il n'est autre chose que le résumé des plaintes des victimes et des documens fournis par tous les citoyens qui maudissent le drame effroyable dont ils ont été malgré eux les témoins : le nombre en est grand.

Quelqu'horrible que soit ce récit, il est sans haine et sans passion, ce sont les faits qui parlent. Plusieurs ont été constatés par des enquêtes et des procès-verbaux, le reste est de notoriété publique, et facile à vérifier : les ruines sont encore là, les cendres des morts ne sont pas encore refroidies.

S'il est des hommes qui trouvent que les teintes les plus sombres et les plus lugubres du tableau rejaillissent sur eux, ce sont encore leurs actes, consommés à la face du livide soleil d'avril, qui parlent eux-mêmes, et ce n'est pas nous qu'on en doit accuser.

En racontant les atrocités dont l'Europe entière sait que Lyon a été le théâtre, on n'a point entendu en faire peser la solidarité sur les corps soit civils soit militaires auxquels leurs auteurs appartiennent; *cuique suum*.

La narration est simple et sans art; on n'a pas compté sur des mots pour faire de l'effet. Ce sont des témoins qui déposent de ce qu'ils ont vu. Si on la trouve parfois incohérente, il ne faut pas oublier que c'est un édifice pour la construction duquel chacun est venu apporter sa pierre.

TABLE.

Il n'y a beste sauvage au monde si cruelle que l'homme quand il se treuve en main la licence et le moyen d'exécuter sa passion

(PLUTARQUE, *Vie de Cicéron*, trad. d'Amyot.)

Au sein d'une paix profonde, nous avons été témoins d'un malheur qu'au milieu de la guerre nos craintes n'auraient pu prévoir.

(SÉNÈQUE, *Epître sur l'incendie de Lyon.*)

CITOYEN de Lyon, témoin du drame qui a ensanglanté pendant six jours notre chère cité, j'entreprends le récit douloureux de ses derniers désastres. Fidèle aux obligations de l'historien consciencieux, je ne m'écarterai pas de la vérité, mais je la dirai toute entière; je ne me laisserai pas entraîner par la passion, les faits sont trop énormes pour qu'il soit possible de charger le tableau : l'honneur de l'humanité réclamerait au contraire qu'un voile fût jeté sur des crimes qui rappellent les temps de barbarie, à la honte de notre moderne civilisation, si orgueilleuse et si exclusive.

Je dirai d'abord ce que j'ai vu et puis ce que je tiens d'hommes honorables qui ne m'ont attesté que ce qu'ils ont vu aussi. On ne trouvera donc rien de hasardé dans cet écrit. J'ai remonté à la source de tous les renseignemens, j'ai rejeté même ce qui était vraisemblable, lorsque les faits ne m'ont pas paru appuyés par des preuves suffisantes. La France pourra apprécier les malheurs de Lyon, que le pouvoir et ses amis ont défigurés à qui mieux mieux avec une impudence incroyable. Plusieurs relations ont été publiées déjà, les unes sorties de l'officine de la police, les autres écrites à la hâte par des spéculateurs qui n'ont songé qu'à exploiter l'empressement et l'avidité du public : justice a été faite des unes et des autres (1). En voici une où je ne suis que l'écho de la voix du peuple, de cette voix qui, selon le proverbe ancien, est la voix de la vérité.

Avant d'entrer en matière, il est indispensable d'assigner la cause première et l'origine de nos malheurs, et pour cela il faut se reporter à la révolution de juillet. Les libéraux qui escamotèrent le pouvoir à cette époque, avaient fait de l'opposition pendant quinze années par les moyens les plus vils; la mauvaise foi, le mensonge, la calomnie furent les armes qu'ils employèrent incessamment pour pervertir l'opinion et faire naître dans les cœurs la haine et la défiance de l'autorité légitime et paternelle qui régissait la France. A Lyon, l'opposition avait

(1) L'ouvrage de M. A. Sala sur *les ouvriers de Lyon en* 1834, n'avait pas encore paru lorsqu'on écrivait ces lignes, dont la publication n'a été retardée que par des circonstances tout à fait indépendantes de la volonté de l'auteur.

pour meneurs quelques hommes dont l'insatiable cupidité était sans frein, quelques industriels dont l'orgueil s'irritait de ce que leur or ne leur donnait pas toujours et exclusivement accès aux premières charges de l'État; quelques gens d'affaires bouffis d'arrogance et d'envie, promoteurs de scandales, factieux, bavards, le tout pour arriver plus tôt à la fortune, qui se refusait à leur nullité. Ajoutez encore à cette tourbe malfaisante quelques médecins mécontens de leur sort, ambitieux intrigans qui méditaient de sang-froid le bouleversement de leur pays, pourvu que la voie des honneurs et des richesses leur fût ouverte.

La classe ouvrière fut habilement exploitée par ces hommes pervers. Sous le prétexte de l'éclairer, de vouloir améliorer son sort, ils abusèrent de son ignorance pour la tromper sur ses véritables intérêts. La France était libre et fière entre toutes les nations; les libéraux dirent au peuple qu'elle était esclave et humiliée sous le joug de l'étranger; ils lui promirent la liberté, l'égalité, la richesse, et lui firent entrevoir tout cela dans un changement de dynastie. Le peuple les crut, et se livra à eux corps et âme comme à ses libérateurs.

Lorsque le jour marqué pour l'explosion fut proche, les chefs de la révolte enrégimentèrent les ouvriers, ils les classèrent par sections, ils les armèrent, leur interdirent tout travail et les lancèrent dans la rue, où ils leur mirent les pavés à la main et leur apprirent à former des barricades. On sait le reste : une monarchie de huit siècles s'écroula sous les coups d'une faction ennemie de la France; les hommes qui s'étaient cachés pendant le combat s'emparèrent du pouvoir lorsque la victoire fut assurée; les comités secrets parurent au grand jour lorsqu'il n'y eut plus rien à craindre; Charles X reprit pour la troisième fois le chemin de l'exil, emmenant avec lui la fortune et l'espoir de la France; deux cent dix-neuf députés proclamèrent le fils du RÉGICIDE EGALITÉ, roi des Français; la liste civile fut maintenue, les impôts furent doublés, on imagina l'impôt de quotité, et le peuple, froissé, jugulé, attendit l'effet des promesses dont on avait été si généreux lorsqu'on avait besoin de lui; mais il attendit vainement. Alors il vit qu'il avait été abusé, il se plaignit; on essaya de l'endormir par de belles paroles, il prit patience. On lui avait appris qu'il était souverain, et il pensa avec raison que, lorsque le joug lui semblerait trop pesant, il ne lui serait pas plus difficile de se débarrasser de l'aristocratie des boutiquiers qu'il ne l'avait été de renverser celle de la naissance et de la grande propriété.

Cependant le juste-milieu, dans l'ivresse de la victoire et de la possession, continuait à se montrer ingrat envers ceux qui lui avaient servi d'échelons pour monter au faîte du pouvoir; la nouvelle aristocratie devint hautaine, insultante, sa cupidité ne fit qu'augmenter; les ouvriers furent traités durement et avec mépris; leur travail ne suffisait plus au soutien de leur famille; la misère leur apparut, et ils ouvrirent les yeux sur les causes de leur malaise. Ils firent entendre de justes réclamations, et en appelèrent à l'exécution des promesses faites en d'autres temps; on ne les écouta pas; ils menacèrent, on leur répondit par des menaces. Une année s'était écoulée à peine, et ces mêmes hommes, naguère dociles instrumens d'une faction qui les avait poussés à la révolte, redescendaient dans la rue, les armes à la main, marchant en foule sous un drapeau qui portait cette terrible devise : *Vivre en travaillant, ou mourir en combattant.*

Ce n'était plus cette fois à la vieille monarchie qu'ils venaient livrer le combat, mais à leurs maîtres en fait de révolution, à ceux qui les avaient soudoyés, à ceux au profit desquels ils avaient expulsé le père de la patrie, pour élire à sa place un *roi-citoyen.*

Le juste-milieu s'imagina que d'un souffle il détruirait cette masse populaire; mais l'évènement montra bientôt quelle était son erreur. Les trois journées de novembre 1831 éclairèrent le triomphe de l'insurrection. Comme les *glorieuses* journées de juillet, dont le soleil brillait encore à Paris, elles devaient être une *leçon sévère* pour le pouvoir et ses amés et féaux : le peuple étourdi de sa victoire ne sut pas en profiter, et sa modération fut telle que les Lyonnais l'attribuèrent à un miracle de Notre-Dame-de-Fourvières, l'antique protectrice de leur ville. Comment concevoir en effet qu'une multitude en armes, exaltée par un succès inattendu, pouvant puiser dans les caisses publiques et particulières et se livrer à tous les excès, n'ait songé après le combat qu'à rétablir l'ordre, qu'à défendre l'inviolabilité de la propriété sans imposer la loi aux vaincus? et cependant ces vaincus, peu auparavant si fanfarons, avaient poussé le peuple à l'insurrection par leurs insultes et leur dureté. On n'oubliera pas que les vaincus de 1831 étaient les chefs de la révolte et les vainqueurs de 1830.

Si les ouvriers ne tirèrent pas parti de leur victoire, les autres ne profitèrent pas non plus de la leçon. Ils s'étaient cachés pendant la lutte; aussitôt que la peur fut passée, lorsqu'ils se virent entourés par trente mille hommes de troupes, ils redevinrent plus exigeans que jamais. On fit de Lyon une place de guerre, on l'enveloppa dans un réseau de forts détachés; les esprits s'aigrirent. L'autorité, au lieu de s'interposer entre les deux partis, poussa à des mesures de rigueur en engageant les fabricans à ne rien céder, et la prospérité du commerce lyonnais fut de nouveau compromise.

Les ouvriers redemandèrent l'exécution du tarif pour lequel ils avaient couru aux armes; on le leur refusa inhumainement; ils se seraient contentés d'une légère augmentation qui les aurait mis en état de nourrir leurs enfans; on parla au contraire de réduire encore leur modique salaire. A ces griefs venaient se joindre d'autres griefs non moins graves : quelques misérables (ces faits n'accusent point des classes entières, il n'est question ici que d'un petit nombre d'individus signalés déjà au mépris de leurs concitoyens); quelques misérables, disons-nous, portaient le désordre et l'infamie dans les familles des ouvriers, en cherchant à corrompre leurs femmes, leurs filles ou leurs sœurs. Tout ce qui avait quelque jeunesse ou quelque beauté était une proie assurée à leurs brutales passions; pour en venir à bout, ils usaient des moyens les plus révoltans, le besoin et la faim. Ces griefs, malheureusement trop réels, poussèrent l'exaspération au plus haut point, et les ouvriers jurèrent de nouveau de se venger. Ils se réunirent par des associations, ils se formèrent en sections, nommèrent leurs chefs, achetèrent des armes; et ce qui n'était d'abord qu'une querelle particulière, devint une affaire politique qui ne tendait à rien moins qu'à renverser la monarchie de juillet pour lui substituer la forme républicaine.

Dès lors la tranquillité publique fut mise en question tous les jours, les clubs et les assemblées populaires s'organisèrent, les ouvriers se coalisèrent et refusèrent de travailler si on ne faisait pas droit aux conditions qu'ils prétendaient imposer; le pouvoir ne fit encore rien pour calmer les esprits et les ramener à l'ordre par la conciliation ; loin de là, il semblait qu'il s'efforçât d'envenimer la querelle ; il irrita les récalcitrans par les provocations intempestives et les insultes quotidiennes de ses journaux salariés et par le ton menaçant de ses arrêtés ; il voulait en finir à tout prix, donner *une leçon vigoureuse* et prendre une revanche complète de la défaite de novembre, qui avait donné au peuple une haute idée de ses forces.

Dans le courant du mois de février dernier, une collision sérieuse fut sur le point d'éclater ; tout le monde la prévoyait et l'annonçait, on fixait le jour et l'heure comme pour un spectacle. L'autorité le savait, mais elle n'agissait pas ; elle ne voulait pas prévenir le mal : son but était d'en venir à le réprimer par la violence. Des attroupemens nombreux se montraient sur tous les points : au lieu de chercher à les dissiper par la douceur et la persuasion, par de sages et équitables concessions, on provoqua encore, on brava cette multitude sans armes, qui cette fois fut prudente et ne recourut pas aux voies de fait. Les dispositions étaient prises, et l'on n'attendait qu'une pierre lancée ou un coup de fusil tiré dans la foule pour charger avec fureur et donner un libre cours à une vengeance impatiente de se signaler.

Après quinze jours d'agitation et d'inquiétude, le calme revint en apparence; mais les hommes sages prévirent bien qu'il ne durerait pas. Le mécontentement et la colère étaient trop grands chez les ouvriers, le désir d'en venir aux mains était trop manifeste, trop flagrant du côté de l'autorité. Quelques mutuellistes (1) furent arrêtés et livrés aux tribunaux. Cependant tout n'était pas fini; il semblait au contraire décidé que la guerre était déclarée ; les partis étaient en présence; et retirés chacun dans leur camp, ils se préparaient au combat. Dorénavant il n'est plus question d'ouvriers demandant ou refusant du travail, c'est la république en pré-

(1) On appelle ainsi une association composée de la plupart des chefs d'ateliers.

sence de l'orléanisme. Cependant les républicains prudens et modérés, comprenaient que le moment d'agir n'était pas venu, et ils voulaient qu'on attendît encore; mais la Société des droits de l'homme, composée des enfans perdus du parti, ne voulut rien entendre; la violence l'emporta dans les clubs, et il fut arrêté qu'on saisirait la première occasion favorable. Le pouvoir était prêt et ne désirait pas moins vivement que la lutte s'engageât : outre l'envie de regagner ses éperons perdus aux journées de novembre, dans la situation des esprits et des choses, il avait besoin d'une imprudente levée de boucliers de ses adversaires pour avoir un prétexte aux yeux de la nation de demander à une Chambre *dévouée*, des lois d'exception qu'il jugeait nécessaires à sa conservation. Il avait été obligé de réduire l'armée, il voulait aussi un prétexte pour la remettre sur le pied de guerre (1). On redoutait l'influence et les progrès tou-

(1) Toutes les fois que le télégraphe apportait à Paris la

jours croissans du parti républicain; on allait convoquer les colléges électoraux : ce parti y avait des chances certaines, on le savait; il était donc urgent de frapper un coup violent et de l'écraser avant qu'il s'y présentât. On comptait d'ailleurs sur la terreur qu'un conflit de ce genre, dans la seconde ville du royaume, ne manquerait pas d'inspirer tout d'abord.

L'occasion attendue par les républicains ardens ne tarda pas à se présenter : quelques sous-officiers de la garnison, affiliés aux sociétés populaires, leur persuadèrent que les soldats étaient pour le peuple, et que jamais ils ne feraient feu sur lui. Une circonstance incroyable vint malheureusement les confirmer dans cette erreur fatale. Les mutuellistes ar-

nouvelle que l'insurrection se prolongeait et prenait de la gravité, le maréchal Soult se frottait les mains en signe de joie, et il répétait avec amour : *Je tiens mes petits millions! j'aurai mes petits millions!* Ce trait caractéristique nous a été rapporté par une personne digne de toute confiance, qui le tenait d'un collègue de M. le maréchal-ministre de la guerre.

rêtés pendant les troubles du mois de février, furent traduits devant le tribunal de police correctionnelle pour y être jugés conformément à la loi contre les coalitions d'ouvriers. Le gouvernement, qui savait par les rapports officiels de ses agens secrets ce qui se passait dans les clubs, était au fait de tous les projets des républicains.

Le 5 avril, dès le matin, une foule de mutuellistes remplissait la salle des audiences correctionnelles, les abords et la cour du tribunal de première instance; la place Saint-Jean était encombrée par les cu.ieux et les amis des prévenus; il n'y avait rien d'hostile en apparence dans ces rassemblemens. Cependant le président, peu rassuré sur les dispositions de cette agglomération d'hommes autour du sanctuaire de la justice, envoya demander main-forte à l'autorité militaire; des ordres furent donnés immédiatement au colonel du 7e régiment d'infanterie légère, et deux piquets commandés chacun par un capitaine, un lieutenant et un sous-lieutenant, furent rassemblés dans les deux casernes occupées par ce régiment, et reçurent l'ordre de se réunir au pont de l'Archevêché, où le plus ancien des deux capitaines devait prendre le commandement du détachement entier, et se porter au tribunal. Le piquet qui arriva le premier au rendez-vous n'attendit pas l'autre, et se rendit tout de suite à l'hôtel de Chevrières (1); il était fort de cinquante à soixante hommes. A peine arrivé, le peuple l'entoura en criant : *Vive la ligne!* Il voulut que les soldats remissent la baïonnette dans le fourreau; il leur fit mettre la baguette dans le canon, pour s'assurer que les armes n'étaient pas chargées, et exigea qu'ils portassent la crosse en l'air, en signe de paix. Les soldats consentirent aux exigences de cette multitude; tout se passa à l'amiable et sans violence. Pour qu'il ne manquât rien à cette scène populaire, les mutuellistes furent chercher du vin, et ils trinquèrent et burent avec les soldats, qui pendant tout ce temps restèrent l'arme au

(1) Lieu où se tiennent les audiences du tribunal de première instance.

pied. Sur ces entrefaites, le deuxième piquet était arrivé au pont de l'Archevêché ; on savait déjà ce qui s'était passé à l'hôtel de Chevrières, et il reçut l'ordre de s'arrêter au corps-de-garde du quai des Célestins, où il resta jusqu'à quatre heures après midi : cet ordre s'explique difficilement. D'abord pourquoi ce piquet ne s'était-il pas trouvé au rendez-vous donné par l'état-major de la place ? ensuite, pourquoi ne le laissa-t-on pas aller à l'hôtel de Chevrières ? Il est bien évident que précisément parce que le premier détachement était compromis, il était d'autant plus urgent de lui prêter main-forte ; le peuple n'aurait pas osé tenter contre cent-vingt hommes ce qu'il avait osé contre soixante, et peut-être n'aurions-nous pas à gémir de tous les malheurs qui sont venus nous frapper. Quoi qu'il en soit, le peuple voyant la troupe si docile à ses volontés, resta plus convaincu que jamais qu'elle faisait cause commune avec lui ; et ne craignant plus rien de ce côté, il s'en affermit davantage dans ses projets de révolte.

Cependant on continuait les débats du procès des mutuellistes. Un témoin à charge, dont la déposition avait été grave contre l'un des prévenus, sortit de l'audience. Il fut hué par la foule; quelques hommes se saisirent de lui, et allaient lui faire un mauvais parti, sans l'intervention de quelques autres, qui l'arrachèrent de leurs mains. Un brigadier de gendarmerie qui voulut interposer son autorité, prononça le mot de *canaille* en s'adressant à un groupe, il s'en tira moins heureusement. On se jeta sur lui, et on brisa son épée; il avait reçu la croix d'honneur à la suite des journées de novembre; elle lui fut arrachée et lancée dans la Saône, où on se mettait en devoir de le précipiter aussi. Des voix se firent entendre qui calmèrent les furieux, et le brigadier en fut quitte pour la peur. Ce fut alors que le procureur du roi, n'écoutant que son zèle, se présenta courageusement à la multitude, au risque d'être mis en pièces, et lui tint un langage digne d'un magistrat, et qui l'honorerait bien plus encore, s'il l'avait tenu pour s'opposer à la révolte alors qu'il siégeait sur les fleurs de lys. Les commissaires de police et les agens, effrayés de la tournure inattendue que prenaient les choses, baffoués et maltraités, avaient été forcés de se retirer. Le procureur du roi voulant que force demeurât à la loi, essaya de s'emparer d'un des mutins : il fut outrageusement frappé. Au milieu de ce désordre, la force armée restait inactive et muette. Elle avait bu et fraternisé avec les turbulens qu'elle devait comprimer, que pouvait-elle faire après cela? La séance fut interrompue, et l'affaire des mutuellistes renvoyée au mercredi suivant 9 Les juges s'évadèrent par les portes de derrière, la troupe rentra dans ses quartiers, et la foule s'écoula peu à peu, fière de son triomphe de ce jour, et ne doutant plus du succès, puisque la troupe ne lui témoignait que des dispositions bienveillantes. Bien des gens sont restés convaincus que l'on n'avait agi de la sorte que pour inspirer aux républicains cette aveugle confiance qui les a perdus. Comment expliquer, disaient-ils, le scandale toléré dont un détchement imposant donna l'exemple à une garnison de plus de sept mille hommes? On était prévenu, on devait donc envoyer un renfort de troupes; on ne le fit pas, on avait donc des raisons pour cela : ces raisons, on les devinera sans peine.

Lorsqu'on sut dans la ville comment la troupe avait fléchi devant la volonté du peuple redevenu souverain, chacun en tira des conséquences fâcheuses, et plusieurs prévirent de grands malheurs.

En même temps que les juges renvoyèrent le procès des mutuellistes au mercredi suivant, les républicains remirent au même jour l'exécution de leurs projets. Tout le monde le savait, tout le monde le répétait; et on ne se rencontrait pas sans se dire : *Eh bien, c'est pour mercredi.* Les républicains eux-mêmes le proclamaient en tous lieux, sur les places publiques, dans les carrefours, dans les cafés. Bien des gens effrayés de la collision qui se préparait, mettaient leurs affaires en ordre, leur argent en sûreté, et quittaient la ville, pendant que l'autorité restait dans une incurie et une impassibilité dont les plus insoucians s'étonnaient. Les magistrats n'eurent pas une parole pour calmer l'effervescence et prévenir les affreux malheurs qui planaient sur la ville; Lyon semblait voué dès-lors à une implacable vengeance; *les ordres impitoyables* étaient déjà donnés, et on se disposait à les exécuter avec rigueur.

C'est ici le lieu d'examiner pourquoi on se hâtait si intempestivement de mettre en cause les ouvriers prévenus du délit de coalition, lorsqu'en attendant quelques jours encore, on pouvait appliquer aux mutuellistes, comme à tous ceux qui se seraient rendus *coupables du crime d'association,* les dispositions de la loi contre les associations, que la Chambre des députés venait de voter, et que la Chambre des pairs discutait alors. Cette loi, applicable par toute la France, aurait été mise en vigueur sans risques et sans inconvéniens, et on aurait atteint le but que l'on se proposait en apparence, la répression. En second lieu, pourquoi s'obstina-t-on, après le fâcheux incident du 5, à renvoyer la cause à une époque si rapprochée? Ne devait-on pas craindre les effets de l'irritation qui se manifestait si patemment dans le peuple? n'était-il pas de la sagesse et de la prudence de l'administration de demander à la magistrature que le procès, vu l'urgence, fût évoqué dans un autre tribunal du même ressort? ou si cela n'était plus possible, qu'il fût renvoyé indéfiniment jusqu'à ce que les esprits fussent calmés? On aurait ainsi ôté tout prétexte aux agitateurs, et peut-être la paix publique n'eût pas été troublée. On a prétendu que cette proposition fut faite, et que le président du tribunal, qui comprenait toute la gravité des circonstances et avait à cœur d'empêcher l'effusion du sang, dit que rien n'était plus facile que d'avoir recours à ce dernier expédient : le témoin à charge qui avait été maltraité par le peuple le 5, était dans l'impossibilité de reparaître à l'audience le 9, on pouvait par conséquent ajourner la cause jusqu'à son entier rétablissement, ce qui aurait laissé aux passions le temps de se refroidir; mais ce parti dicté par la raison et l'humanité fut rejeté; on avait hâte d'en finir.

Nous n'avons vu encore que le prélude du drame horrible dont chacun s'était partagé les rôles, nous allons voir se dérouler devant nous des scènes de carnage et de destruction que l'histoire des temps reculés n'a présenté que rarement, lorsqu'un peuple armé se ruait sur un peuple ennemi et consommait la ruine de ses villes. Ces sanglans récits de l'histoire nous font frémir : quel sentiment éprouverons-nous, lorsque nous verrons l'égorgement d'un peuple par les mains d'une soldatesque dont une partie joint à l'ivresse du combat, l'ivresse plus hideuse encore du vin et des liqueurs fortes?

PREMIÈRE JOURNÉE.

MERCREDI 9 AVRIL.

Le mercredi 9 avril, le tambour se fit entendre dès six heures du matin. L'autorité militaire déploya toutes ses forces. Les troupes, le sac au dos et les armes chargées, furent rangées en colonnes serrées sur la place Bellecour ; le 7e régiment de dragons était à cheval; une batterie de campagne, mèche allumée, était prête à faire feu; un bataillon fut placé à la tête du pont de l'Archevêché, un autre à celle du pont volant, sur la rive gauche, une compagnie du 7e régiment d'infanterie légère se plaça par section sur la place Montazet, au coin de la rue des Prêtres; un bataillon du même régiment occupa la cour de l'archevêché, pendant que ses deux compagnies d'élite prirent possession de la cour et de la terrasse de l'hôtel de Chevrières; les issues de l'Hôtel-de-Ville étaient hérissées de chevaux de frise et gardées par des détachemens d'infanterie et de dragons: d'autres troupes restèrent détachées sur la place Tholozan, à la tête des ponts Morand, Charles X et de la Guillotière, du côté des Brotteaux et des faubourgs, pour conserver les communications, les forts Montessuy, ceux de la Mouche et de Lamothe, ainsi que la caserne des Bernardines, crénelée comme un fort, étaient défendus par des garnisons suffisantes, et les différens postes de l'intérieur de la ville avaient l'ordre de se replier aux premiers coups de fusil. Partout les troupes étaient échelonnées de proche en proche, de manière à pouvoir se donner la main s'il en était besoin; tout le matin des patrouilles de cavalerie circulèrent au milieu des groupes, sans faire mine de vouloir les dissiper.

Il était facile de prévoir que s'il y avait du désordre, son foyer serait sur la place Saint-Jean et à l'entour du tribunal, puisque le procès des mutuellistes qu'on allait y juger était la cause ou le prétexte de l irritation des esprits. Or, si l'on avait eu l'intention de prévenir ou de réprimer sur lé champ l'insurrection qui grondait menaçante, rien n'était plus facile; il ne fallait pour cela que faire occuper la place Saint-Jean et ses abords par de nombreux détachemens qui auraient empêché tout rassemblement sur ce point. Mais, nous le répétons, on voulait infliger une leçon sévère au peuple lyonnais. Une circonstance accrut encore la confiance aveugle des malheureux que les avis bienveillans d'une administration paternelle auraient peut-être fait rentrer dans l'ordre On avait placé en première ligne, sur la place Montazet, dans les cours de l'archevêché et de l'hôtel de Chevrières, ainsi que nous l'avons déjà dit, une partie du 7e régiment d'infanterie légère, le même qui avait bu et fraternisé avec le peuple quatre jours auparavant

Les républicains se croyant sûrs de la garnison, et surtout de ce régiment, qui avait donné des preuves non équivoques de sa sympathie pour la cause populaire, se félicitèrent de cette disposition, qui leur présageait un succès assuré : leur erreur fut grande et ils la payèrent chèrement; car l'autorité savait bien à quel point elle pouvait compter sur l'armée.

Soit curiosité, soit sécurité par suite du déploiement des forces militaires, il semblait que toute la population fût répandue dans les rues comme par un beau jour de fête. Les quais, les places et les ponts, qui, quelques heures plus tard, devaient être déserts et présenter l'aspect de la désolation, étaient couverts d'une foule immense qui circulait dans tous les sens, et promenait un regard inquiet sur la scène qui se préparait. La multitude se portait surtout vers le quartier Saint-Jean ; on allait et venait sans obstacles, malgré les troupes formées en colonne serrée de distance en distance, et attendant, l'arme au pied, que le signal fût donné. Les bourgeois se groupaient instinctivement autour les uns des autres, comme font les troupeaux à l'approche de l'orage.

On s'interrogeait, on se communiquait ses craintes; mais tous étaient loin de pressentir l'horrible dénoûment qui était réservé à l'état d'agitation qu'on remarquait partout.

Ici commence le drame épouvantable dont tout ce que nous avons dit n'était que le prologue. Les rassemblemens, qui n'avaient d'abord rien de menaçant, prirent, vers dix heures, une attitude alarmante sur la place Saint-Jean et sur celle de la Préfecture. En un clin-d'œil des proclamations furent placardées avec profusion dans plusieurs endroits. Des ouvriers montés sur des bornes les lisaient à la foule ébahie. L'une de ces proclamations, écrite à la main, débutait par ces mots sacramentels de 93 : *Liberté, égalité, fraternité ou la mort;* une autre était datée de germinal an 42e de la république française ; celle qui était le plus répandue était imprimée, et conçue en ces termes :

« CITOYENS!

« L'audace de nos gouvernans est loin de se ralentir. Ils espèrent par-là cacher leur faiblesse, mais ils se trompent : le peuple est trop clairvoyant aujourd'hui. Ne sait-il pas d'ailleurs que toute la France les abandonne, et qu'il n'est pas un homme de conscience, dans quelque position qu'il soit, manufacturier ou prolétaire, citoyen ou soldat, qui ose se proclamer leur défenseur!

« Citoyens, voici ce que le gouvernement de Louis-Philippe vient encore de faire.....: par des ordonnances du 7 de ce mois, il a nommé plusieurs courtisans, ennemis du peuple, à des fonctions très-lucratives. Ce sont des sangsues de plus qui vont se gorger de l'or que nous avons tant de peine à amasser pour payer d'écrasans impôts. Parmi eux se trouve Barthe le renégat, qui est aussi nommé pair de France!.... Ainsi on récompense les hommes sans honneur, sans conscience, et on laisse souffrir de misère tous ceux qui sont utiles au pays : les ouvriers, par exemple, et les vieux soldats. Pourquoi nous en étonner!...... ceux-ci sont purs et braves; ils ne chérissent l'existence que parce qu'elle leur donne la faculté d'aimer et de servir leur patrie; c'est pourquoi aussi on les emprisonne, on les assomme dans les rues, ou on les envoie à Alger!.. . Ce n'est pas là ce que ferait un gouvernement national, un gouvernement républicain.

« Mais l'acte le plus significatif de la royauté, c'est la nomination de Persil au ministère de la justice!... Persil, citoyens, c'est un pourvoyeur d'échafauds!... C'est Persil qui a voulu faire rouler les têtes des hommes les plus patriotes de la France ; et si les jurés les lui ont refusées, ce n'est pas faute d'insistance de sa part.... C'est Persil qui a eu l'infamie de dire le premier qu'il fallait détruire les associations et abolir le juri!!!... En le prenant pour ministre, la royauté a donc adopté toutes les pensées, toutes les haines de cet homme! elle va donc leur laisser un libre cours!... Pauvre France! descendras-tu au degré d'esclavage et de honte auquel on te conduit?....

« La loi contre les associations est discutée dans ce moment à la Chambre des pairs. Nous savons tous qu'elle y sera immédiatement adoptée; nous la verrons donc très-incessamment placardée dans nos rues. Vous le voyez, citoyens, ce n'est pas seulement notre honneur national et notre liberté qu'ils veulent détruire, c'est notre vie à tous, notre existence qu'ils viennent attaquer. En abolissant les Sociétés, ils veulent empêcher aux ouvriers de se soutenir dans leurs besoins, dans leurs maladies; de s'entr'aider surtout pour obtenir l'amélioration de leur malheureux sort!.... Le peuple est *juste*, le peuple est *bon;* ceux qui lui attribuent des pensées de dévastation et de sang sont d'INFAMES CALOMNIATEURS; mais ceux qui lui refusent des DROITS et du PAIN sont infiniment coupables.

« OUVRIERS, SOLDATS, vous tous enfans de l'héroïque France, souffrirez-vous les maux dont on vous menace? consentirez-vous à courber vos têtes sous le joug honteux qu'on prépare à votre patrie? Non! C'est du sang français qui coule dans vos veines, ce sont des cœurs français qui battent dans vos poitrines, vous ne pouvez donc être assimilés à ces vils esclaves. Vous vous entendrez tous pour sauver la France et lui rendre son titre de PREMIÈRE DES NATIONS!.....

« 8 avril 1834. »

Cette proclamation, moins violente que les autres, se voyait partout affichée contre les murs; tout le monde a pu en prendre connaissance; et la police, si nombreuse, si active dans certaines occasions, ne disait mot et ne fit pas la moindre démonstration pour arracher ces placards incendiaires qui appelaiènt les citoyens à la révolte. Ils restèrent exposés à la vue des passans pendant toute la matinée, jusqu'à ce que l'affaire fût bien engagée, et ils ne furent arrachés que lorsqu'ils ne pouvaient plus servir à rien. Aussi quelques personnes ont-elles cru que la police n'avait pas été étrangère à leur rédaction et à leur publication.

On voit par la teneur de cette pièce, rédigée en style tout à fait populaire, que la collision qui se préparait avait une couleur toute politique. Le parti républicain allait s'engager étourdiment dans un combat corps à corps avec la royauté du 9 août; et l'orléanisme, assuré d'avance du résultat, attendait froidement, l'arme au bras, une lutte qu'il désirait avec ardeur.

Rien n'avait été négligé d'ailleurs pour répandre la terreur parmi les habitans paisibles. La proclamation suivante, affichée la veille, était loin d'être rassurante. Elle ne disait rien autre, sinon que deux armées étaient en présence, prêtes à combattre : personne ne l'ignorait.

« LYONNAIS !

« Des désordres d'un caractère grave ont eu lieu samedi dernier, sur la place Saint-Jean et à l'entrée du Palais-de-Justice, à l'occasion de la mise en jugement d'individus prévenus de contravention aux articles 415 et suivans du Code pénal.

« Quelques hommes signalés depuis longtemps par leur coupable persévérance à exploiter toutes les circonstances où le trouble peut être excité, ont porté l'oubli des lois et des devoirs des citoyens jusqu'à attenter par des voies de fait à l'indépendance du pouvoir judiciaire, et ont cherché à égarer et à associer à leurs projets insensés une population laborieuse, essentiellement amie de l'ordre et de la paix publique.

« Les ouvriers, nous en sommes certains, ne se laisseront point égarer par de perfides conseils; ils savent que c'est par le travail et l'industrie que notre belle cité est parvenue à occuper le premier rang parmi les villes manufacturières; ils savent aussi que l'industrie et le travail sont inséparables du maintien de l'ordre public.

« L'ordre public sera maintenu.

« L'autorité veille ; ses mesures sont prises, et toute tentative de trouble serait sévèrement réprimée.

« Elle n'ignore pas que les malveillans s'agitent encore et projettent de renouveler les mêmes scènes de désordre dont nous avons eu à gémir il y a trois jours.

« Leurs efforts seront vains ; ces factieux resteront isolés au milieu de la population, que son bon sens et sa sagesse préserveront de toute participation à des actes répréhensibles.

« Mais, dans de telles circonstances, il ne suffit pas à l'autorité d'avoir pris d'énergiques mesures pour réprimer au besoin les ennemis du gouvernement et de la paix publique, c'est encore un devoir sacré pour elle de prévenir les bons citoyens, et de les inviter à ne pas grossir par leur présence les rassemblemens tumultueux qui pourraient se former.

« Nous espérons que les Lyonnais entendront la voix de leurs magistrats.

« Nous espérons que si l'autorité, par une triste nécessité, était réduite à recourir à la force pour faire respecter les lois et l'indépendance des tribunaux, elle n'aura pas à ajouter à ses regrets la douleur de voir de bons citoyens devenir victimes de leur curiosité, et souffrir des mesures qui ne doivent atteindre que les factieux, ennemis des lois et de la prospérité de notre industrie manufacturière.

« Fait à l'Hôtel-de-Ville, Lyon, le 8 avril 1834.

« *Le maire de la ville de Lyon.*

« VACHON-IMBERT, adjoint. »

Cette proclamation fut le dernier acte public de l'autorité municipale; elle abdiqua ce jour-là.

Parmi les moyens de terreur, il en est un qu'on ne peut passer sous silence. Un grand nombre de propriétaires avaient remarqué avec effroi que les portes de leurs maisons et de leurs demeures étaient marquées avec des croix de saint André tantôt rouges, tantôt noires : on faisait circuler que c'étaient les ouvriers qui avaient désigné de la sorte les maisons : les croix rouges signifiaient le massacre, les maisons où l'on voyait une croix noire devaient en être quittes pour le pillage. Ces signes sinistres se trouvaient presque partout, sur les demeures des riches et sur celles des pauvres, surtout aux portes des personnes connues pour leurs opinions légitimistes. Si les insurgés avaient eu d'avance le dessein arrêté de piller les maisons, qu'avaient-ils besoin de les marquer ainsi? Le pillage s'étend indistinctement sur tout ce qui est saisissable; ce n'étaient donc pas les maisons, mais la ville entière qu'il aurait fallu marquer d'une immense croix. Et si ces croix étaient véritablement l'ouvrage des insurgés, comment pouvait-on savoir la différence qu'ils auraient mise entre les croix rouges et les croix noires? Qu'on eût désigné à d'horribles vengeances un petit nombre de maisons seulement, cela se concevrait, mais par centaines! cela n'est pas vraisemblable.

Reprenons la suite des évènemens qui vont se presser.

Le 9, à dix heures du matin, il était encore temps de sauver la ville. Pendant que les autorités civiles et militaires étaient réunies pour délibérer à l'hôtel de la préfecture, on fut les avertir que soixante membres environ des plus influens de la Société des droits de l'homme étaient en permanence dans une maison de la rue Bourchanin. Il suffisait d'y envoyer une compagnie; la police se serait emparée des chefs et des meneurs, et le complot eût échoué. « Le dé en est jeté, dit l'un des assistans, laissons aller les choses. » Et on ne voulut pas prendre une mesure qui aurait mis fin à tout sans coup-férir, avant qu'il y eût seulement commencement d'exécution.

Vers dix heures et demie, une patrouille de vingt-quatre dragons du 7e régiment, commandée par un officier, fut dirigée de la place Bellecour, devenue une place d'armes, sur la rue Saint-Dominique, la place et la rue de la Préfecture. La place était tellement obstruée, que les chevaux, marchant au petit pas, fendaient à peine les flots compacts de la foule. L'agitation était extrême; les dragons avaient le sabre dans le fourreau; le peuple les accueillit par des cris répétés de *vivent les dragons!* Des hommes montés sur des échoppes et sur des étalages agitaient leurs chapeaux et leurs bonnets en signe de concorde et de bienveillance. Un seul poste d'infanterie gardait l'hôtel de la préfecture, dont les portes étaient fermées, de peur d'une attaque subite : il n'y avait pas d'autres troupes. Cependant si les dragons, après les sommations voulues par la loi, avaient fait un simulacre de charge à travers cette multitude sans armes, elle eût été dispersée en un instant. Les dragons n'avaient d'ordres que pour faire une reconnaissance. Ils regagnèrent le quartier-général sans avoir essayé aucune démonstration.

Tout à coup trois décharges successives se firent entendre du côté de Saint-Jean : il n'était pas encore onze heures. Le signal était donné, la guerre civile commençait. La foule éperdue s'échappa par les rues adjacentes; le quai et les ponts furent couverts de fuyards, de curieux qui regagnaient leur domicile à toutes jambes, de femmes éplorées appelant à grands cris leurs maris et leurs enfans, et de forcenés qui faisaient retentir au loin ces cris lugubres : *Aux armes, citoyens! on égorge nos frères, aux armes!* Au même instant, et comme par enchantement, des barricades s'élevèrent sur tous les points.

Les hommes qui ont intérêt à mettre le mensonge à la place de la vérité, ont prétendu que les insurgés avaient commencé le feu; qu'un coup de pistolet avait d'abord été tiré par eux sur un agent de police qu'ils avaient tué; qu'en conséquence les sommations avaient été faites légalement, et que ce n'était qu'alors que les troupes avaient tiré sur les provocateurs. Il importe de rétablir l'exacte vérité sur ce point, comme nous serons obligés de le faire sur tant d'autres. Outre les troupes qui occupaient l'intérieur de l'hôtel de Chevrières, il y avait en dehors, à la porte et sur la place, quelques dragons à cheval destinés à faire le service d'ordonnances et à sabrer au besoin, plus un peloton de gendarmes à pied. Dix ou douze hommes sans armes se mirent à faire une barricade au bout de la rue Saint-Etienne. Les gendarmes les apercevant, firent quelques pas dans cette direction. Les curieux, effrayés de ce mouvement, se précipitèrent vers les rues Saint-Jean, la Bombarde et la rue de la Brèche. Les gendarmes s'arrêtèrent, mirent en joue et tirèrent sur la barricade, SANS SOMMATIONS. Cette version résulte des informations prises auprès des habitans du quartier : CE SONT LES GENDARMES QUI ONT ENGAGÉ LE COMBAT EN TIRANT SUR LE PEUPLE DÉSARMÉ, SANS SOMMATIONS. Si on n'avait eu que l'intention de s'opposer à la construction d'une barricade, on le pouvait sans violence, puisque ceux qui y travaillaient étaient sans armes. Il est vrai qu'un agent de police, le nommé Lefaivre, fut tué ; mais où et PAR QUI ?... DERRIÈRE LA BARRICADE ET PAR LE FEU DES GENDARMES. On en a conclu que ce malheureux s'était mêlé aux perturbateurs pour faire son métier d'agent provocateur, qu'il les excitait à la révolte et les aidait à élever la barricade. Il ne se retira pas assez promptement, et il fut la première victime.

En même temps, trois ou quatre ouvriers également sans armes parurent au coin de la rue des Prêtres et de la place Montazet ; ils voulurent attirer à eux par leurs discours la compagnie du 7e régiment d'infanterie légère qui s'y trouvait. « Nous sommes Français comme vous, nous sommes vos frères, » disaient-ils ; pour toute réponse, les soldats, en *bons Français* et en *bons frères,* leur envoyèrent un feu de peloton bien nourri ; ce fut alors qu'il y eut un *sauve qui peut* général.

On a vu que l'autorité ne pouvait dissimuler son impatience d'en venir aux mains ; on vient de voir qu'elle avait commencé le combat contre des hommes désarmés, et qu'elle avait procédé SANS SOMMATIONS ; on verra par la suite qu'on pouvait profiter du désappointement, de la terreur et du désordre où les premières détonations avaient jeté la multitude, et tout eût été fini en moins de deux heures.

Pendant que des bourgeois curieux et inoffensifs fuyaient pêle-mêle avec les turbulens sur la rive droite de la Saône, dans la direction du pont au Change, et encombraient le pont de l'Archevêché, le poste de *la Mort qui trompe*, composé de huit fusiliers commandés par un caporal, arrivait au pas de course pour rejoindre un bataillon établi à la tête du vieux pont volant, sur la rive gauche. Quoique ce poste cherchât à faire bonne contenance et à donner à sa fuite l'air d'une retraite, on voyait bien qu'il était pressé d'arriver. A peine parvenu auprès du pont Séguin, à cent pas à peu près du bataillon, des voix se firent entendre : *A bas les armes! désarmez-les!* Ces cris eurent un effet électrique et furent répétés; soudain des hommes du peuple se jetèrent en avant du poste, qui gagnait toujours du terrain, et ils essayèrent de le séduire par des discours du même genre qu'à la place Montazet; les soldats, soutenus par le voisinage du bataillon, qui était à portée, croisèrent la baïonnette contre eux. Alors un bourgeois bien vêtu voyant que les paroles n'avaient pas le résultat qu'on en attendait, se précipita sur l'un des soldats et saisit son fusil par le canon; le soldat tint bon, une lutte corps à corps s'engagea entre les deux champions, et ils roulèrent tous les deux sur le pavé. Le poste, entouré et serré de près, fit volte-face et tira à tout hasard; un passant fut tué, il n'était pas du nombre des agresseurs. La foule effrayée se dispersa, et les soldats rejoignirent leur bataillon sains et saufs.

Jusque-là, pas un homme du peuple n'avait paru en armes, il n'y avait que des rassemblemens inoffensifs, des murmures, une sourde rumeur, cette rumeur populaire semblable aux mugissemens du vent précurseur de la tempête, plus terrible, plus menaçante que le fracas des armes. A la vue du sang répandu, l'exaspération n'eut plus de bornes, ce ne fut plus que cris de vengeance; et dès ce moment l'insurrection prit un caractère hostile qu'elle n'aurait peut-être pas eu si l'on n'y eût pas poussé par des violences ; des hommes couraient dans les rues comme des furieux, appelant les citoyens aux armes ; les boutiques se fermaient ; tous ceux qui purent regagner leur domicile se hâtèrent d'aller s'y renfermer, et y attendirent avec anxiété le dénouement des scènes d'horreur qui commençaient.

Déjà des barricades obstruaient les rues du centre de la ville où les troupes n'avaient pas jugé à propos de s'engager ; un grand nombre de gens paisibles ou craintifs, dans l'impossibilité de se rendre chez eux, cherchèrent un asile dans les quartiers où la guerre civile les avait surpris, les uns chez des amis, les autres chez d'honnêtes artisans qui s'empressèrent de leur donner l'hospitalité.

Il n'était pas encore midi ; le régime tutélaire des lois n'était plus, il avait fait place au régime du sabre ; Lyon était à la merci d'une soldatesque que des consignes barbares et une résistance opiniâtre ne devaient pas tarder à rendre furieuse. Au lieu de poursuivre les insurgés et de les chasser de tous les lieux où ils cherchaient à s'établir, les troupes se concentrèrent sur la place Bellecour, sur la place Saint-Jean et à l'Hôtel-de-Ville, d'où il résulte que les insurgés eurent tout le temps de se remettre de leur premier effroi et de se disposer à tenir ferme, à l'abri de leurs barricades.

On voulut dégager l'hôtel de la préfecture, qui était entouré par les insurgés, qui menaçaient d'escalader les grilles. Une compagnie de grenadiers fut envoyée par le quai de la Saône, avec ordre d'enlever la barricade de la rue de la Préfecture, et de balayer la place, où les mutins étaient encore en grand nombre. La barricade n'était gardée que par cinq hommes armés. Les grenadiers s'y portèrent en colonne par section, et firent une décharge qui n'atteignit personne; les cinq hommes armés ripostèrent, et tuèrent un soldat, un autre fut blessé; il y eut un moment d'hésitation dans la compagnie; cependant elle chargea à la baïonnette, et la barricade fut emportée; il aurait pu en être de même de toutes les autres, si on les eût attaquées. En même temps, un bataillon débouchait avec de l'artillerie par la rue Saint-Dominique; les insurgés se fortifièrent tant bien que mal dans le théâtre provisoire en construction. On les eut bientôt délogés, et ils se dispersèrent derrière les barricades de la rue Mercière, de la rue

Raisin, et à l'extrémite du passage de l'Argue; quelques-uns montèrent sur les toits, d'où abrités par les cheminées, ils tirèrent sur les troupes. On fit avancer une pièce d'artillerie en face du passage, et quelques volées de mitraille à portée de pistolet, accompagnées d'une grèle de balles, eurent bientôt débusqué une poignée de misérables qui n'avaient que du cœur, car la plupart manquaient d'armes et de munitions. Comme on ne parvenait pas à chasser à coups de fusil ceux qui tiraient derrière les cheminées, on y pointa le canon; les cheminées furent démolies, et les insurgés furent écrasés sous les décombres, ou quittèrent la place, qui n'était plus tenable. La préfecture fut dégagée, mais le passage de l'Argue, construit sur le modèle des passages élégans de Paris, fut saccagé; les boulets, la mitraille et la mousqueterie avaient fait de ce lieu fréquenté d'ordinaire par les acheteurs, les curieux et les désœuvrés, un lieu de désolation; les devantures des magasins étaient enfoncées et à jour, toutes les vitres étaient cassées: les pertes de marchandises et les dégats mobiliers furent énormes; on ne pensa pas un seul instant qu'on opérait la ruine de plusieurs familles inoffensives, et que c'était sur elles que tombait le châtiment destiné aux agitateurs. La place de la Préfecture ne présentait pas un spectacle moins horrible; si ce quartier avait été pris d'assaut par des Prussiens, il n'aurait pas été réduit en un plus piteux état.

Cependant les insurgés résistaient encore derrière une barricade de la rue Raisin; une décharge d'artillerie les en chassa, et ils se réfugièrent au nombre de huit ou dix dans une maison à l'angle de la rue de l'Hôpital. Le génie ne trouva rien de mieux à faire pour les déloger que d'attacher un pétard sous la porte et d'y mettre le feu; la commotion fut telle que la maison en fut ébranlée jusque dans ses fondemens, et que toutes les vitres de la rue furent brisées. Pour couronner l'œuvre, l'explosion communiqua le feu à la maison, qui fut brûlée de fond en comble, ainsi que celle qui était en face. On ne songea à y conduire les pompes à incendie que vers le soir; mais la flamme était devenue si intense et avait fait de si rapides progrès, qu'il n'y avait plus de secours possible. Ce fut là le premier exploit de l'armée assiégeante : pour en finir avec des insensés qui ne voulaient plus que fuir, on incendia de sang-froid et bénévolement deux maisons sans prévenir leurs paisibles habitans et sans leur laisser le temps de se sauver ; aussi plusieurs furent-ils engloutis sous les décombres, et peu s'en fallut que tout le quartier ne fût réduit en cendres. Aurait-on fait pis dans une ville ennemie vouée à la destruction ? On doit croire que l'autorité avait le désir de sauver Lyon de la fureur des insurgés, mais on ne peut s'empêcher de penser que dès le début elle a procédé pour conserver, comme on procède d'ordinaire lorsqu'on veut détruire ; et ne serait-ce pas là le cas de lui appliquer la morale de la fable de *l'Ours et l'amateur des jardins*, en disant avec le bon Lafontaine :

Rien n'est plus dangereux qu'un ignorant ami,
Mieux vaudrait un sage ennemi

Il paraît que cette manière expéditive de faire sauter les maisons, était un plan arrêté d'avance, car plusieurs ont subi le même sort dans la rue Mercière, sur la place de l'Herberie, aux Capucins, dans la rue Dorée et dans celle des Trois-Maries.

On ne pouvait plus circuler dans les quartiers occupés par la troupe, où on ne se battait pas; ainsi un homme inoffensif fut étendu roide mort à sa porte, dans la rue Saint-Dominique, une femme fut tuée dans la rue Mercière, et son cadavre resta sur le pavé pendant trois jours; partout on a eu à déplorer des accidens semblables, tant la vie des citoyens était devenue peu de chose.

Au pont d'Ainay, une compagnie du 7e régiment d'infanterie légère fit la fusillade toute la journée avec quelques insurgés qui étaient embusqués dans les maisons de St.-Georges, de la Quarantaine et sur les hauteurs; ce ne fut qu'un échange de coups de fusil qui ne coûta la vie à personne, et les deux partis occupaient le soir les mêmes positions, sans avoir gagné de part ni d'autre un pouce de terrain. Cependant on plaça au grenier à sel une pièce de canon qui battit le clocher de Saint-Georges, où les insurgés ne cessaient de sonner le tocsin, le vieux bâtiment de la commanderie et quelques maisons de la colline de Saint-Just. Cette démonstration violente n'eut pour résultat que des démolitions, des dégâts considérables et la mort de quelques innocens atteints chez eux; dans le nombre on a cité une ouvrière âgée de dix-neuf ans. Le feu des assaillans ne se ralentit pas un instant pour cela ; leur tenacité resta la même ; la commanderie et la maison de la Quarantaine, attenante à la barrière de l'octroi, furent criblées de boulets.

On se battait en même temps à Saint-Nizier, à la place de l'Herberie et à celle de la Fromagerie. Les insurgés étaient aussi descendus des hauteurs de la Croix-Rousse par la côte des Carmelites ; ils avaient désarmé le poste du jardin des Plantes, et occupaient la place Sathonnay, la rue Saint-Marcel et le quai Saint-Vincent ; de l'autre côté de la Saône, le quartier Saint-Paul, jusqu'à la place du Change, où un poste de la troupe de ligne avait été surpris et désarmé également. Dans le quartier Perrache, ils avaient élevé une barricade, mais elle fut enlevée et détruite sur le champ : les soldats en emportèrent les débris en triomphe, et les brûlèrent sur la place Bellecour.

Sur tous les points où les insurgés se montrèrent en armes, même dès le commencement de l'action, ils étaient si peu nombreux, qu'on ne comprendra jamais comment la lutte s'est prolongée si long temps, et comment les troupes ont opposé une résistance sérieuse à des malheureux entraînés par des illusions, poussés par le désespoir et la démence. Cela ne s'explique que par la mollesse que les troupes mirent dans l'action. Il en résulta que les insurgés s'enhardirent, soit qu'ils eussent la pensée qu'on les redoutait, soit qu'ils fussent encore convaincus, malgré les démonstrations significatives du matin, que les soldats étaient réellement pour eux.

Le premier jour, il ne se passa rien d'extraordinaire à la Guillotière. A l'anxiété générale causée dès le matin par les dispositions de l'autorité militaire, succéda tout à coup une stupeur morne et silencieuse, lorsque les premiers coups de fusil se firent entendre à Lyon. Les détonations assourdissantes qui se succédaient d'une manière effrayante, n'excitèrent ni cris ni rassemblemens; aucune fermentation ne se manifesta au-dehors : on voyait seulement devant la porte de chaque maison, des amis et des voisins qui se communiquaient leurs inquiétudes et leurs craintes.

Un poste d'environ deux cents hommes stationna tout le jour à la tête du pont de la Guillotière, sans être inquiété. Le soir, il fut renforcé par un bataillon du 21e régiment de ligne, qui arrivait de Grenoble, et qui prit différentes positions autour de la place. A la nuit close, tout rentra dans l'ordre accoutumé, et les habitans paisibles se retirèrent avec l'espoir que la tranquillité serait maintenue.

Dans le quartier du jardin des Plantes, un homme du peuple fut tué vers midi. Au même instant, une barricade s'élevait au bout de la rue Saint-Marcel, du côté de la place Saint-Vincent. Les insurgés commencèrent à dépaver, et s'emparèrent du clocher de Saint-Louis, où ils sonnèrent le tocsin pour répandre l'alarme et provoquer le concours de leurs partisans. A une heure environ, un détachement du 28e, ayant à la tête un commissaire de police, fit une patrouille dans toute la longueur de la rue Saint-Marcel. A son approche, les insurgés abandonnèrent le dépavage et se sauvèrent. Les soldats détruisirent la barricade sans trouver de résistance. Ils continuèrent leur patrouille sur le quai, et revinrent par les rues des Augustins et des Bouchers, vers la grille du jardin des Plantes, où ils restèrent jusqu'au soir.

A la Croix-Rousse, les révoltés voulurent tenter un coup de main sur la caserne des Bernardines, mais ils furent repoussés, et se contentèrent de se barricader à toutes les issues de la Grand'-Rue. Vers le soir, ils portèrent leur attention sur le quartier des Gloriettes, dont une partie plonge sur la Boucle et sur le faubourg de Bresse, et l'autre domine le quai Saint-Clair et les Brotteaux. Ils se présentèrent dans presque toutes les propriétés qui couvrent la colline, pour y chercher des positions militaires, et ils s'établirent dans les vignes qui s'étendent au-dessus de la Boucle, particulièrement sur une terrasse protégée par un mur, à l'angle de la maison de M. Bonafous, d'où l'on découvre le quai en entier; de là ils pouvaient, en crénelant la muraille, battre la nouvelle porte de l'ancien clos des Collinettes, ainsi qu'une grande maison neuve située dans la rue des Fantasques, et occupée par la troupe de ligne.

Tous les murs de clôture qui lient le quartier des Gloriettes à la Croix-Rousse, furent percés pour faciliter les communications et protéger la circulation des habitans; car il était impossible de traverser surtout la rue du Chapeau-Rouge sans être exposé au feu de la caserne des Bernardines, d'où l'on tirait indistinctement sur tout le monde. Plusieurs personnes qui, en raison de ce qu'elles étaient sans armes, croyaient pouvoir passer, furent blessées, et deux hommes inoffensifs restèrent morts sur la place.

Il est certain que les insurgés rencontrèrent de l'opposition dans toutes les maisons où ils se présentèrent; car chaque propriétaire comprenait les dangers auxquels leur présence l'exposait; et l'expérience a prouvé que ces craintes étaient bien fondées, puisqu'il a suffi partout qu'un seul homme eût fait feu d'une maison, pour qu'elle fût battue en brèche, ou qu'on la fît sauter. On leur représentait la folie de leur entreprise, on leur disait les maux qu'ils allaient attirer sur la ville et sur eux-mêmes en s'obstinant à continuer une lutte inégale; en un mot, on essayait de tous les moyens de les ramener à l'ordre ou au moins de les éconduire. Malgré cette opposition et cette absence de sympathie, il est à remarquer qu'ils se conduisirent toujours avec modération, et que leurs exigences ne dépassèrent jamais leurs besoins et la nécessité de leur position. Tout en occupant les emplacemens qui étaient à leur convenance, ils semblaient vouloir excuser la violation des domiciles et l'arbitraire de leurs procédés, en s'abstenant de toute violence, et en conservant dans leurs discours et leurs manières un ton et des égards dont les soldats ont cru pouvoir se dispenser vis-à-vis des propriétaires, toutes les fois qu'ils ont occupé militairement leurs maisons. On a cité le fait suivant, entre plusieurs autres:

Huit ou dix hommes armés qui depuis longtemps combattaient sans avoir pris de nourriture, car les vivres commençaient à devenir rares, se présentèrent dans une maison voisine avec l'espoir d'en trouver. Le propriétaire, homme de cœur, leur reprocha en termes énergiques cette façon de demander les armes à la main; puis il ajouta que si la pitié qu'il éprouvait pour des malheureux poussés par la faim ne parlait pas chez lui plus haut que l'indignation, la peur de leurs armes ne serait pas capable de lui faire donner un sou; et il finit par leur distribuer du pain et du vin, dont ils avaient grand besoin. Ils se retirèrent bientôt, accablant le propriétaire de remercîmens, et protestant que le besoin seul les avait forcés à en agir ainsi. Le propriétaire crut malgré cela devoir se plaindre à l'espèce d'autorité populaire qui s'était constituée pendant ces jours de désordre, et là il lui fut expressément recommandé de ne rien donner aux *républicains* qui se présenteraient en armes. « Nous voulons la liberté, dirent ces gens; nous la « voulons pour tous, et nous ne débuterons « pas par la violer. Il faut que les propriétés « soient respectées ainsi que les personnes, « et notre devoir est de punir ceux qui leur « porteraient la moindre atteinte. »

Au moment où l'insurrection éclata, la porte principale de la façade de l'église de Saint-Nizier était tendue en noir pour un enterrement; le service devait se faire à onze heures trois quarts. Dès le commencement de l'action, vers le quai Villeroi, les places d'Albon et de l'Herberie (il était onze heures et demie environ), toutes les boutiques furent fermées en un clin-d'œil et les rues devinrent désertes. Le suisse de Saint-Nizier, qui attendait à la porte de l'église, eut peur comme les autres, et, dans son émoi, oublia sa hallebarde, dont un enfant s'empara; les portes de l'église furent fermées

En même temps, un voiturier qui conduisait une charrette chargée de cinq à six tonneaux contenant des gobilles, des chapelets et d'autres objets de quincaillerie, fut tout à coup entouré par quatre ou cinq enfans de 15 à 16 ans. Saisi de frayeur, il ne songea qu'à dételer son cheval et à se sauver au plus vite, abandonnant sa charrette et ses marchandises. Plusieurs tonneaux de gobilles furent aussitôt défoncés, et les assistans remplirent leurs poches de ces projectiles d'un nouveau genre, avec l'intention d'en faire usage, faute de balles. La charrette fut renversée et mise en travers à l'entrée de la rue Trois-Carreaux, du côté de la place Saint-Nizier, pour servir de barricade, si cela devenait nécessaire.

Pendant toute cette journée, les insurgés ne parurent pas sur la place au nombre de plus de deux ou trois à la fois; on aurait dit qu'ils n'y venaient que pour observer et pour s'assurer de la position de leurs adversaires. Les soldats postés à la place de l'Herberie et sur le quai Villeroi, tiraient de temps en temps dans la direction de l'église; leurs coups, adressés le plus souvent à des personnes inoffensives, allaient se perdre dans le beau portail de Philibert-Delorme. Un curieux qu'on a supposé être un ouvrier charpentier, à cause d'un compas et de quelques autres outils du métier trouvés sur lui, fut tué comme il passait à l'angle de la rue de la Limace et de la rue des Bouquetiers; il était sans armes. Son corps est resté gisant sur le pavé jusqu'au vendredi 11. Ce jour-là les voisins, fatigués de ce spectacle et redoutant l'effet de la putréfaction qui se faisait sentir à l'entour, le transportèrent sous la coquille de la porte latérale de droite de l'église, au risque de se faire tuer par les soldats en traversant la place.

Vers la fin de la première journée, c'est-à-dire dans la soirée du 9, voici quelle était la position des deux partis : la troupe était maîtresse de la place de la Préfecture et des rues aboutissantes, du port du Temple, du quai des Célestins, du pont Séguin et de celui de l'Archevêché, de la place Saint-Jean et de tout le quartier jusqu'au bas du chemin neuf; ensuite, de tout l'espace compris entre les deux rivières, depuis la place de la Préfecture jusqu'à l'extrémité de la presqu'île Perrache; elle occupait le pont de la Guillotière, la tête du pont Charles X, du côté des

Brotteaux, et le pont Morand; c'est par-là que le quartier-général communiquait avec l'Hôtel-de-Ville. Au nord, on avait la place des Terreaux et les rues adjacentes; à l'extérieur, les forts, sur la rive gauche du Rhône, la caserne des Bernardines et le fort de Montessuy: celui Saint-Irénée avait été abandonné, on ne sait pourquoi. Les insurgés avaient eu le temps de s'établir dans le reste de la ville, et de s'y fortifier tant bien que mal, sans être inquiétés. On avait négligé de s'emparer des hauteurs: ils comprirent la faute qu'on avait commise, et ils en profitèrent. D'un autre côté ils firent leur place d'armes de l'église Saint-Bonaventure; c'était de là qu'ils dépêchaient, selon l'occurrence, deux, trois, quatre ou six hommes au plus pour garder les barricades dont ils s'étaient entourés. L'insurrection avait gagné du terrain; cependant le nombre des combattans était bien inférieur à ce qu'on supposait. Le matin il y avait dans les rues une grande multitude, mais elle avait disparu aux premiers coups de fusil; il ne resta alors que les plus intrépides et les plus opiniâtres, ceux qui étaient décidés à vaincre ou à mourir. Tous les calculs s'accordent à porter leur nombre de 6 à 700, encore mal armés et dépourvus de munitions, ce qui s'explique facilement par les désarmemens antérieurs et par la confiance où ils étaient qu'ils n'avaient pas besoin d'armes, puisque les troupes devaient se joindre à eux.

La garnison se composait des 6e, 27e, 28e de ligne, des 7e et 15e d'infanterie légère, du 7e dragons, du 13e régiment d'artillerie nouvellement organisé à Lyon, de quelques compagnies de sapeurs-mineurs et d'un matériel considérable en bouches à feu et en munitions de tous genres. Toutes ces troupes formaient un total de 7,000 hommes environ, que des renforts portèrent successivement à 12,000.

Le général Aymar, commandant la division militaire, dirigeait les opérations, le général Buché était pour l'infanterie, les généraux Dejean et Fleury commandaient l'un la cavalerie et l'autre le génie et les forts. Ces deux derniers avaient déjà joué un rôle pénible dans les journées de novembre, à la suite desquelles le général Dejean, alors colonel du 12e régiment de dragons, avait été nommé maréchal de camp; tous les deux jouissaient de l'estime publique; cependant en moins de trente mois ils ont été réduits à la cruelle nécessité de tirer deux fois l'épée contre leurs concitoyens, aux mêmes lieux et pour la même cause. Le général Buché, colonel sous la restauration, avait fait la campagne de 1823 avec distinction, et avait été promu au grade d'officier-général; la guerre civile ne pouvait que répugner à son caractère doux et bienveillant et à sa loyauté. Ainsi le caractère des trois généraux en sous-ordre était une garantie rassurante pour la population paisible de Lyon; mais il n'en était pas de même du lieutenant-général Aymar (1). « Cet homme, dont le nom sera désormais ac- « colé à celui de Dubois de Crancé *le mitrail- « leur,* dit un journal du Midi (2), est un en- « fant de la révolution, et il est tout simple « qu'il en ait suivi les odieux erremens. Né « dans la commune de Lézignan, près Nar- « bonne, où son père exerçait les fonctions « de maître d'école, il fut atteint par les lois « sur le recrutement de l'armée, sous le gou- « vernement directorial. Il ne trouva rien de

(1) La justice et la vérité exigent que nous disions qu'il n'a pas suivi dans toute leur rigueur *les ordres impitoyables*. Le ministère lui avait donné *carte blanche*, et on voulait *qu'il s'ensevelît sous les ruines de la ville plutôt que de céder,* comme avait fait le général Roguet en 1831.

(2) Extrait de la *Gazette de Languedoc*.

« mieux, pour y échapper, que d'entrer au « service de M. Carrion-Nisas, lequel, ap- « pelé à Paris après la révolution du 18 bru- « maire an 8, le fit incorporer dans la garde « consulaire.

« Sans instruction, mais protégé par son « ancien maître, il devint officier, ce qui était « assez facile à une époque où les cadres s'é- « largissaient chaque jour. Chef de bataillon « dans le 8e de ligne en 1807, il fut, après « la bataille d'Eylau, nommé colonel du 32e, « avec lequel il fit les campagnes d'Espagne. « Rentré en France, il obtint, le 12 avril « 1814, le grade de général de brigade.

« A son avènement au trône, Louis XVIII, « qui, comme on sait, ne voulait être servi « que par *des émigrés et des nobles,* confia au « général Aymar le commandement du dé- « partement de l'Hérault.

« A l'époque des cent-jours, ce fidèle ser- « viteur, cet ardent ennemi de l'insurrection, « favorisa la révolte de la troupe contre le « souverain légitime.

« Mis à la réforme après 1815, le général, « avec sa femme, fille du régicide Milhaud (1),

(1) « Voici en quels termes Milhaud vota la mort de « Louis XVI

« fixa sa résidence dans un petit domaine « qu'il acheta près de la ville de Carcassonne.

« C'est là que juillet 1830 l'a trouvé ; c'est « là que Louis-Philippe a découvert le gen- « dre du collègue de son père EGALITÉ.

« Envoyé dans la ville d'Avignon pour « commander le département de Vaucluse, « il fut élevé en 1832 au grade de lieutenant- « général et appelé au commandement de « la 7e division militaire, dont Lyon est le « chef-lieu.

« La France connaît aujourd'hui sa con- « duite *héroïque*, l'histoire racontera avec « quelle *fermeté*, quelle *prudence*, le baron

« Je n'ose croire que de la vie ou de la mort d'un « homme dépende le salut d'un Etat : les considérations « politiques disparaissent devant un peuple qui veut la « liberté ou la mort. Si on nous fait la guerre, ce ne sera « pas pour venger Louis, mais pour venger la royauté. « Je le dis à regret, Louis ne peut expier ses forfaits que « sur l'échafaud. Sans doute des législateurs philanthropes « ne souillent point le code d'une nation par l'établisse- « ment de la peine de mort, mais, pour un *tyran*, si elle « n'existait pas, il faudrait l'inventer....... Je déclare que « quiconque ne pense pas comme Caton, n'est pas digne « d'être républicain. Je condamne Louis à la mort : je « demande qu'il la subisse dans les vingt-quatre heures. »

(*Biographie des hommes vivans*)

« Aymar a traité la population lyonnaise,
« les femmes, les enfans, les vieillards, et
« notamment ceux qui habitaient la Guillo-
« tière..... »

Voilà pour l'autorité militaire. Quant au préfet, M. de Gasparin, il y avait aussi du régicide dans sa famille, mais plus directement. Son père avait été conventionnel et avait voté la mort de l'infortuné Louis XVI, mort dont les calamités qui pèsent sur la France depuis plus de quarante années ne sont que le châtiment mérité. *Quàm gravis est inultus sanguis justi!*

Lorsque les citoyens Milhaud et Gasparin, démagogues furibonds en 1793, lançaient des paroles de mort contre le roi et la royauté, ils étaient loin de penser, l'un, que son gendre, l'autre, que son fils deviendraient quarante ans plus tard les suppôts de la *tyrannie* et les séides du fils d'un autre régicide devenu roi.

Le maire de la ville, M. Prunelle, avait été remplir à la Chambre des députés le mandat des électeurs de l'arrondissement de la Tour-du-Pin, en attendant qu'il pût aller à Vichy exercer les fonctions plus lucratives de médecin des eaux. Le sceptre municipal était tombé en quenouille entre les mains peu habiles du premier adjoint, M. Vachon-Imbert.

J'ai cru ces explications indispensables, car, pour mettre les lecteurs à même de bien envisager les faits que l'histoire, dans son impartiale sévérité, va dérouler à leurs yeux, il faut qu'ils connaissent les hommes qui en furent les auteurs.

Je reviens aux évènemens de la première journée.

Dans l'après-midi, on entendit un feu roulant de mousqueterie que le bruit du canon renforçait de temps à autre; il cessait par intervalles, puis tout à coup il recommençait avec plus de fureur. Qu'on juge de l'anxiété d'une population de deux cent mille âmes renfermées dans l'intérieur des maisons! Chaque détonation était un signal de mort, et de part et d'autre le sang français coulait sans gloire et sans profit pour la patrie. Personne n'osait s'aventurer dans les rues ni regarder par les fenêtres : c'eût été presque affronter une mort certaine, car les soldats tiraient sur tous les points où ils apercevaient quelqu'un; et si on se tenait sur le seuil de sa porte, si on mettait la tête dans la rue pour chercher à savoir ce qui s'y passait, on ne tardait pas à voir paraître des dragons ou des soldats d'artillerie à cheval, le pistolet au poing, vous intimant brutalement l'ordre de rentrer sous peine de mort immédiate. Heureux encore lorsqu'ils ne faisaient pas sans avertissement feu sur les curieux! Cinq personnes étaient devant la porte d'une maison de la rue de Laurencin; c'était un homme fait, un jeune garçon de dix-sept ans et trois petits enfans. Une patrouille de dragons passa, et, sans dire un seul mot pour effrayer ou menacer, fit une décharge sur ce groupe inoffensif. Tous furent blessés plus ou moins grièvement; le jeune garçon de dix-sept ans mourut de ses blessures trois jours après. Devant la maison occupée par le sieur Dubois, fondeur, rue du Rempart-d'Ainay, une femme fut tuée à bout portant d'un coup de pistolet par un dragon. Il n'est que trop vrai que, dès le moment où l'affaire fut engagée, les soldats se livrèrent aux actes les plus arbitraires et les plus coupables, et semblèrent avoir perdu tout sentiment d'humanité. Triste et inévitable effet de la guerre civile! Dans la guerre étrangère, on n'a pas renoncé à toute action généreuse : on ne voit pas frapper un ennemi abattu qui crie merci, on n'achève pas les blessés, on épargne les vieillards, les femmes et les enfans ; à Lyon, rien n'a été respecté : le droit des gens, les lois de la nature, les sentimens nobles, la pitié, tout a été foulé aux pieds impitoyablement : des hordes de kalmucks ou de cosaques irréguliers, vainqueurs après un combat acharné, n'auraient pas montré plus d'aveugle fureur et de froide barbarie.

C'était bien le cas, en vérité, de s'appliquer ces horribles paroles :

« Et l'on vit les enfans du peuple lever « les bras contre le peuple, égorger leurs « frères, enchaîner leurs pères et oublier « jusqu'aux entrailles qui les avaient portés.

« Quand on leur disait : Au nom de tout « ce qui est sacré, pensez à l'injustice, à l'a-« trocité de ce qu'on vous ordonne, ils ré-« pondaient : NOUS NE PENSONS POINT, « NOUS OBÉISSONS.

« Et quand on leur disait : N'y a-t-il plus « en vous aucun amour pour vos pères, pour « vos mères, vos frères et vos sœurs? ils ré-« pondaient : NOUS N'AIMONS POINT, NOUS « OBÉISSONS.

« Et quand on leur montrait les autels du

« Dieu qui a créé l'homme et du Christ qui « l'a sauvé, ils s'écriaient : Ce sont là les « dieux de la patrie : NOS DIEUX A NOUS « SONT LES DIEUX DE SES MAÎTRES (1)..... »

Vers la nuit, le feu se ralentit. Cependant, de loin en loin, on entendait des coups de fusil et les sons lugubres et redoublés du tocsin, qui remplissaient l'âme de terreur et de tristesse.

Les insurgés restèrent derrière leurs barricades, au centre de la ville, sans qu'on eût essayé de les en chasser; les troupes, au contraire, se concentrèrent encore plus, et on attendit le lendemain, en proie aux plus vives alarmes. D'une maison à l'autre on faisait circuler les bruits les plus sinistres. Selon les uns, le peuple devait profiter de la nuit pour mettre le feu aux quatre coins de la ville ; d'autres disaient que les troupes avaient l'ordre d'abandonner la ville à l'insurrection et de se retirer dans les forts pour la bombarder à leur aise et sans courir de risques ; l'imagination ne voyait plus que carnage et incendie, soit d'un côté, soit de l'autre. En effet, il est facile de comprendre

(1) *Paroles d'un Croyant*, XXXIV, p. 197.

la perplexité et la cruelle situation des citoyens qui se trouvaient pressés entre les combattans, assourdis par l'effroyable vacarme de l'artillerie et de la mousqueterie, sans pouvoir connaître rien de ce qui se passait au dehors.

DEUXIÈME JOURNÉE.

JEUDI 10 AVRIL.

Pendant toute la nuit des coups de fusil se firent entendre, surtout dans le quartier Saint-Georges; le lendemain, le feu continua avec plus d'acharnement que la veille. Les insurgés avaient conservé toutes leurs positions et s'y étaient renforcés en augmentant le nombre de leurs barricades et en consolidant celles qu'ils avaient construites à la hâte le premier jour. Ce fut avec un profond sentiment de crainte et d'horreur que les bons citoyens virent que la guerre civile prenait un caractère plus alarmant. Quand finirait-elle? quel en serait le dénoûment? on ne pouvait le décider, mais il était facile de prévoir qu'il serait épouvantable, de quelque côté que se rangeât la victoire.

Les habitans des rues occupées par les insurgés pouvaient aller et venir d'un quartier à l'autre sans être inquiétés et sans s'exposer; ils se mettaient aux fenêtres sans [illegible]nte d'être frappés d'une balle; il n'en [illegible]t pas de même aux lieux occupés par les [illegible], nous l'avons dit déjà. La circulation [illegible] plus rigoureusement interdite qu'elle ne [illegible] été jus[illegible]là. L'apparition d'une seule [illegible], d'[illegible] femme même derrière une [illegible], attirait aussitôt sur ce point une grêle [illegible] balles, et cependant on n'avait publié aucun [illegible], aucune défense. Dans le quartier Saint-[illegible]ier, une jeune personne fut tuée chez elle d'un coup de fusil tiré du poste de la place d'Albon ; dans la rue des Deux-Angles, un domestique ouvrait une fenêtre pour baisser un abat-jour; un soldat l'ajuste, la balle l'atteint au front, et il tombe roide mort sur le carreau; ses maîtres ont témoigné leur reconnaissance de ce barbare assassinat, en donnant plus tard la somme de mille francs à la souscription ouverte par les orléanistes au profit des soldats qui ont brûlé nos maisons. Un employé du gouvernement, M. T***, a eu le bras cassé d'un coup de feu, dans son appartement, rue des Deux-Cousins; un portier a été tué devant sa porte, rue Saint-Dominique; M. Bonnesœur, commis de la poste aux lettres, a été fusillé dans la rue du Pérat; un jeune homme de dix-huit ans, unique soutien de sa vieille mère, sortait d'une maison de la rue Vaubecour au moment où des soldats criaient qu'on avait tiré un coup de fusil de dessus les toits; un artilleur le tua d'un coup de carabine, sans plus amples renseignemens; Mme ***, tante du docteur ***, a eu la clavicule cassée. On ne finirait pas si on voulait nommer toutes les victimes inoffensives de ces déplorables journées; d'ailleurs il nous reste encore tant d'horreurs à dévoiler avant d'arriver à la fin de ce récit douloureux! Un fait suffirait pour peindre la frénésie et l'aveugle fureur de ceux que le pouvoir avait chargés d'exécuter ses *ordres impitoyables*. Des soldats aperçurent derrière une fenêtre de la maison attenante à l'hôtel du Palais-Royal, du côté de la Saône, deux personnes qui examinaient fort innocemment ce qui se passait autour d'elles; il n'en fallut pas davantage pour que cette maison devînt suspecte et fût mise en état de siége incontinent. Une pièce de canon placée à la tête du pont Séguin fut tournée de ce côté, et un boulet de huit entra par la fenêtre dans l'appartement, où il fracassa tout ce qui s'y trouvait. Malheureusement pour les auteurs de ce haut fait, la bonne étoile de ceux auxquels le boulet s'adressait, les avait fait sortir de chez eux quelques secondes auparavant; sans cela, l'exécution eût été complète, deux innocens auraient été inévitablement tués par des soldats français, qui furent obligés de se contenter, pour cette fois, des ruines qu'ils avaient causées. On ne concevra pas une pareille brutalité, quand on saura que la maison était occupée par un bataillon du 16e régiment d'infanterie légère, qui gardait la tête du pont de l'Archevêché, et que la place Bellecour, devenue un véritable bivouac, était encombrée de troupes. On n'avait rien à craindre sur ce point, on était maître de tout le quartier ; mais il fallait à tout prix imprimer *une terreur salutaire.* Le coup de canon fut tiré à une portée de fusil ; on peut juger de l'effet qu'il produisit ; les dégâts ont été constatés et évalués par procès-verbal du juge de-paix. Dans un pays qui ne serait pas à la merci des hommes de la révolution, un pareil attentat aurait eu son châtiment, car c'est une tentative d'assassinat prémédité ; mais à Lyon, ce ne fut qu'un jeu, qu'un risible épisode.

Pendant toute la journée du 10, on tirailla de part et d'autre sur la place de la Fromagerie et sur celle de Saint-Nizier ; l'église ne fut occupée par personne ; les insurgés, toujours peu nombreux, ne faisaient que traverser rapidement la place ; et si les soldats avaient voulu avancer, ils se seraient emparés de tout le quartier sans coup-férir ; mais ils n'osaient s'aventurer dans des rues étroites, qu'ils croyaient remplies de révoltés : ils exécutaient strictement les ordres de l'autorité, qui semblait ne pas vouloir en finir tout de suite.

Ce jour-là, dans le quartier du jardin des Plantes, les insurgés, jusqu'à onze heures, se bornèrent à riposter quelques coups de fusil aux insurgés qui tiraient sur eux des maisons au bas de la rue Saint-Marcel, pour protéger ceux des leurs qui rétablissaient la barricade détruite la veille, et qui fut cette fois reconstruite plus solidement avec des bois de charpente, des fagots et des tonneaux remplis de pavés. Lorsqu'elle fut remise en état, les ouvriers prirent plus d'assurance et d'audace; ils descendirent dans la rue, et attaquèrent la troupe, forte de soixante hommes environ. Cette troupe serrée de près et ne pouvant plus tenir, battit en retraite, et abandonna entièrement le quartier aux assaillans, qui se répandirent aussitôt dans toute la rue Saint-Marcel, au nombre de quarante, la plupart sans armes. Ils élevèrent sur le champ quatre autres barricades, l'une à l'entrée de la rue Saint-Marcel, du côté de la place Neuve, avec les matériaux d'une maison en construction: la seconde au coin de la place Sathonnay, vers la rue des Auges; une autre au haut de la rue des Bouchers, et la quatrième, enfin, à l'autre angle de la place. Ces barricades furent improvisées avec des voitures chargées de savon prises dans les entrepôts de MM. Pine-Desgranges. Il était une heure.

Le colonel Mounier, du 28e, ordonna un mouvement combiné pour s'emparer de la place Sathonnay et des barricades qu'on venait d'élever. Une compagnie partit de la place de la Miséricorde au pas de charge, et remonta la rue des Auges ; une autre suivit la rue des Augustins pour pénétrer par la rue des Bouchers; une troisième venait de la place Neuve. Le colonel Mounier était de sa personne à la tête du détachement qui marchait contre la barricade de la rue des Auges. Voyant de l'hésitation parmi les soldats, il se jeta en avant en s'écriant : *N'y aura-t-il pas quelques braves qui me suivront?* Les grenadiers, excités par la voix et l'exemple de leur colonel, se précipitèrent avec impétuosité sur la barricade, qui fut enlevée; mais un capitaine y fut tué, et le brave colonel Mounier tomba blessé mortellement; il mourut le lendemain, regretté de l'armée et de tous ceux qui l'avaient connu, car c'était un noble cœur que le sien; il avait fait les brillantes campagnes de l'empire; il s'était distingué à la tête de son régiment en Afrique. Blessé par le feu des Arabes, il n'avait alors échappé que pour venir terminer misérablement son honorable carrière sous les coups d'un concitoyen, dans une guerre impie qui lui répugnait, et où il n'avait été acteur que malgré lui.

Cependant il ne resta bientôt plus un seul insurgé pour défendre les autres barricades, qui furent escaladées sans résistance. Quoique les soldats ne vissent plus personne, ils tiraient à tout hasard contre les maisons et dans toutes les directions; et pendant une demi-heure il y eut une fusillade bien nourrie, d'autant plus inutile que tous les insurgés avaient disparu. Les soldats, que la perte de leurs chefs avait exaspérés, enhardis par le peu de résistance qu'ils avaient rencontré, enfoncèrent les portes des boutiques de la place Sathonnay à coups de haches et de crosses de fusil; ils montèrent dans les maisons comme des furieux, et s'en emparèrent de vive-force. Ils tuèrent M. Raymond au moment où il leur ouvrait sa porte qu'ils menaçaient d'enfoncer, ils blessèrent M. T*** dangereusement : tous les deux étaient dévoués à la royauté de juillet. La fureur de cette soldatesque n'écoutait plus rien, presque toutes les maisons furent envahies violemment; on assommait ou on arrêtait tous les hommes qu'on y trouvait.

Un ouvrier fut surpris avec un fusil chez un marchand, il fut fusillé sur le champ; un vieillard, marchand épicier dans la rue Saint-Marcel, fut tué sur sa porte et y resta étendu jusqu'au lendemain.

Le nommé *Carré*, marchand tripier, demeurant place Sathonnay, n° 6, en face de la maison Raymond, avait pensé qu'il ne serait pas en sûreté dans sa boutique; craignant d'ailleurs que les insurgés, encore maîtres de la place, ne pénétrassent chez lui et ne s'emparassent des instrumens tranchans de sa profession, ce qui l'eût compromis, il avait rangé sa banque et quelques autres meubles contre la fermeture peu solide de sa boutique, et il était sorti avec sa famille par la porte de derrière, pour aller se réfugier dans une chambre au 4e étage sur la cour, où il espérait être à l'abri de tout événement.

Les craintes que lui avaient inspirées les insurgés ne se réalisèrent pas; ils ne mirent pas le pied dans la maison, d'où il ne fut pas tiré un seul coup de fusil; cependant lorsque la troupe se fut emparée de la place, cette maison fut assaillie comme l'avait été la maison Raymond; les portes et les boutiques furent enfoncées par l'ordre même des officiers. Le bruit de ces inutiles dégâts se faisait entendre jusqu'aux étages les plus élevés. Carré descendit en toute hâte pour empêcher, s'il était possible, que sa boutique ne fût dévastée. Au moment où il arrivait au bas de l'escalier, les soldats se saisirent de lui comme des furieux. avec d'horribles menaces accompagnées de voies de fait. Il eut beau montrer sa clef et s'écrier qu'il était dans son domicile : *C'est encore un de ces brigands!* dirent-ils ; et la soldatesque se précipita dans la boutique, culbuta tout ce qui s'y trouvait, enfonça et mit en pièces les tiroirs d'une commode, pilla l'argent qu'ils contenaient; et quand tout cela fut fait, le malheureux, frappé, meurtri à coups de crosses, fut entraîné par six hommes qui le conduisirent sur la place neuve des Carmes, où un détachement amenait au même instant deux autres prisonniers qui furent aussitôt poussés en avant par les soldats, et fusillés impitoyablement sans forme de procès. Carré voyant qu'on se disposait à lui faire subir le même sort, et n'écoutant plus que son désespoir, se jeta sur un des fusiliers de son escorte et l'étreignit dans ses bras de toutes ses forces en s'écriant: *Si vous voulez m'assassiner, vous tuerez un des vôtres avec moi!* Il parvint, en se débattant avec son acolyte, jusque vers le milieu de la place, où il lâcha prise et se mit à courir à toutes jambes; on fit sur lui une décharge qui ne l'atteignit pas, et il fut assez heureux pour tomber dans un poste dont l'officier, qui avait des sentimens d'humanité, se contenta de le faire arrêter, et conduire à l'Hôtel-de-Ville.

A peine y fut il arrivé, qu'il y retrouva dans toute leur rigueur *les ordres impitoyables* auxquels il venait d'échapper comme par miracle; des baïonnettes furent dirigées contre sa poitrine, parce qu'il osait protester de son innocence. C'en était fait de sa vie, lorsqu'un agent de police de son quartier le reconnut et eut le courage de se mettre entre lui et les baïonnettes de *l'ordre public;* mais déjà un coup de sabre avait blessé Carré à la hanche; les agens de police s'emparèrent de lui et le conduisirent dans une salle de l'Hôtel-de-Ville avec d'autres détenus.

Pendant ce temps-là, un jeune homme, M. D***, neveu de l'adjoint M. Vachon-Imbert, logé au premier étage au-dessus de Carré, avait vu la troupe dévaster la boutique et l'emmener avec tant de violence. Il savait que ce malheureux était resté inoffensif dans l'intérieur de la maison, il descendit donc sur la place pour témoigner auprès des officiers de l'innocence de Carré Ceux-ci s'emportèrent brutalement contre ce jeune homme, et le firent arrêter en disant *qu'il ne valait pas mieux que les autres*. Vainement il supplia ; il fut arrêté et accablé de mauvais traitemens A la fin, il parvint à faire entendre qu'il était neveu de l'adjoint, faisant les fonctions de maire, et il demanda à être conduit à l'Hôtel de-Ville avant d'être assommé Les soldats parurent s'apaiser sur l'attestation réitérée qu'il était neveu du maire, et le conduisirent en effet à l'Hôtel-de-Ville; mais dans le trajet de la place Sathonnay à celle des Terreaux, d'autres le mirent en joue, et l'auraient tué si l'escorte ne l'avait protégé.

Arrivé après mille dangers, il ne fut pas difficile à M. D*** de se faire reconnaître Il fut réclamé par M. Vachon-Imbert, auprès duquel il resta. Il s'occupa aussitôt de faire relâcher Carré, pour le salut duquel il avait couru risque de la vie; mais ses démarches furent vaines; la captivité d'un Français innocent était devenue chose de peu d'importance pour les ci-devant prôneurs de liberté individuelle. On dédaigna d'accorder une escorte à un honnête père de famille pour le réintégrer dans sa maison, d'où il avait été arraché si arbitrairement, et on trouva tout simple de le laisser sous les verroux jusqu'à ce que la libre circulation fût rétablie dans la ville. Ce ne fut qu'après cinq jours de prison, le 15 avril, qu'il lui fut permis d'aller se jeter dans les bras de sa femme et de ses enfans éplorés, qui l'avaient cru fusillé.

Après ces abominables exploits de la place Sathonnay, les vainqueurs brûlèrent sur les lieux mêmes tout ce qui avait servi aux barricades; les voitures chargées de savon ne furent pas épargnées. MM. P***-D*** les réclamèrent en vain. Toutefois les soldats n'oublièrent pas auparavant de se partager la cargaison, qu'ils vendirent à tout venant.

Il est certain que partout où les troupes marchèrent franchement, les républicains furent dispersés, car ils étaient en si petit nombre qu'il ne leur était pas possible de résister. Il n'y avait jamais plus de quatre ou cinq hommes derrière une barricade, et souvent la moitié sans armes; quelquefois un enfant suffisait pour la garder. Les insurgés parurent un instant sur les toits des maisons de la place des Terreaux, d'où ils faisaient un feu meurtrier sur les troupes et jusque dans l'Hôtel-de-Ville ; quelques soldats postés sur les terrasses du palais Saint-Pierre suffirent pour les débusquer. Plusieurs personnes inoffensives furent aussi tuées dans ce quartier par les soldats : une femme enceinte fut frappée d'une balle derrière sa fenêtre, un vieillard fut atteint et jeté mort sur le pavé au moment où il traversait la rue pour aller chercher des provisions dans un cabaret voisin.

Le combat avait recommencé du côté de la Croix-Rousse, mais sans succès de la part des assaillans Cependant au-dessus du jardin des Plantes, la caserne du *Bon-Pasteur* fut emportée par eux. A Saint-Polycarpe, un enfant de dix ans arbora le drapeau rouge sur le clocher, et l'on se mit à sonner le tocsin, malgré l'opposition du curé. Les balles eurent bientôt abattu le drapeau; l'enfant le remplaça avec les lambeaux d'un pantalon rouge, et comme il redescendait, une décharge le jeta sans vie dans la rue.

Le 9, avant sept heures du matin, le bataillon du 7e régiment d'infanterie légère, caserné aux Minimes, était descendu à Lyon, laissant un détachement de cent hommes environ, qui s'établit militairement sur la place et posa des sentinelles à la croix de la mission, sur le rond-point du marché et sur la terrasse de l'établissement des sourds et muets; la troupe avait le sac au dos et les armes chargées. A 9 heures, ce détachement avait reçu l'ordre de rejoindre le régiment en ville, et n'avait laissé qu'un poste de vingt et un hommes. Deux heures plus tard, les douze fusiliers de garde à la barrière Saint Just étaient désarmés; l'un d'eux ayant reçu un coup de pierre à la tête, fut accompagné à la pharmacie la plus voisine par deux insurgés, qui le firent panser; les autres demeurèrent libres d'aller où bon leur semblerait. Les ouvriers qui s'étaient emparés du poste se séparèrent; les uns restèrent au corps de garde, les autres descendirent à la Quarantaine.

Des hommes sans armes se portèrent à la caserne des Minimes; le poste qui la gardait se renferma et se barricada; mais sur l'assurance qu'il ne leur serait fait aucun mal, voyant d'ailleurs les portes au moment d'être enfoncées, les soldats ouvrirent et livrè rent leurs armes et leurs cartouches. Trois pauvres diables détenus au cachot parce-qu'ils avaient chanté des chansons qui montraient peu de sympathie pour Louis-Philippe, furent mis en liberté. Les insurgés trouvèrent dans la caserne une malle appartenant à un sous-officier et contenant une somme d'argent; ils la firent porter chez le commissaire de police du quartier, sans y toucher, et la mirent sous sa responsabilité. Au milieu de tant d'actes infâmes, on est heureux d'avoir à citer des traits semblables de probité et de désintéressement, car ils ont été rares : cet exemple ne trouva pas toujours des imitateurs parmi ceux qui devaient le donner. Aux premiers coups de fusil, les percepteurs du pont Séguin s'étaient enfuis chez eux, laissant dans la caisse la recette de la matinée; la tête du pont fut occupée par une section d'artillerie, et ensuite, jusqu'à la fin, par un détachement d'infanterie légère. Lorsque les percepteurs purent revenir à leur poste le 16, ils trouvèrent leurs pavillons de recette enfoncés et leurs coffres brisés; tout l'argent qu'ils avaient laissé dans leur fuite précipitée, avait été volé avec effraction

Le poste de la ligne qui gardait le fort Saint-Irénée avait reçu l'ordre de l'évacuer (1); ne pouvant emmener deux pièces de canon de huit qui s'y trouvaient, il les abandonna après les avoir mal enclouées. Le second jour, les insurgés s'en emparèrent, et les traînèrent sur la terrasse de Fourvières, d'où ils dirigèrent sur le bassin de la Saône et sur la place Bellecour, un feu qui n'eut pas de résultat, car ils manquaient de munitions, et en étaient réduits à faire des gargousses à mitraille avec des morceaux de fer et de fonte, des pierres et des éclats de verre à bouteilles; plus tard, ils ramassaient les boulets de huit qu'on leur lançait, et ils les renvoyaient dans la ville. Ils occupaient toutes les hauteurs de Saint-Irénée, Saint Just et Fourvières, les maisons et les jardins qui s'étendent sur le flanc de la colline. Le drapeau noir flottait sur le bâtiment de l'Antiquaille et sur les tours de Fourvières, en signe de détresse, afin que le feu des combattans respectât ces deux édifices. L'Antiquaille, autrefois emplacement du palais

(1) N'est-il pas bien extraordinaire qu'on ait abandonné une position où il était si facile de se maintenir et d'où on aurait tenu en respect tout ce quartier ?

des empereurs romains, est aujourd'hui un hospice pour les aliénés; Fourvières est un sanctuaire consacré à la Vierge et révéré bien loin à la ronde.

L'artillerie se décida à mettre en batterie une pièce de huit à la tête du pont de l'Archevêché, de manière à balayer la terrasse de Fourvières, une autre pièce de même calibre fut placée dans le même but sur la place Bellecour. Dès les premiers coups, on s'aperçut qu'elles ne produisaient pas l'effet qu'on en avait attendu, et on fit venir une pièce et un obusier de vingt-quatre. Alors commença un feu terrible qui devait finir, s'il se fût prolongé, par réduire en poussière l'Observatoire et l'église de Fourvières, et tout cela pour douze hommes environ qui tenaient cette position, dont on les aurait chassés sans brûler tant de poudre et sans causer tant de dégâts, si on avait voulu aller les y attaquer dès le commencement.

Le tocsin sonnait toujours par intervalles à Saint-Just, à Fourvières, à Saint-Georges, à Saint-Louis, à Saint-Polycarpe et à Saint-Bonaventure; la fusillade et le canon redoublaient; on aurait dit au bruit qui se faisait que deux grandes armées étaient aux prises en bataille rangée, et cependant cinq à six cents hommes du peuple, tout au plus, se soutenaient ainsi sans désavantage contre une forte garnison.

A chaque instant, des brancards chargés de blessés et de mourans traversaient la place Bellecour au milieu des troupes qui la couvraient. On aurait pu ce semble leur faire prendre une autre direction, dans la crainte de frapper le moral des soldats : la vue du sang de leurs camarades ne devait-elle pas augmenter leur irritation et les exciter à la vengeance? On préféra cependant leur donner ce triste et cruel spectacle, dont le résultat tournerait au profit des hommes qui avaient résolu la ruine de Lyon.

Les insurgés établis à Saint-Bonaventure avaient intercepté toute communication entre le quartier-général et l'Hôtel-de-Ville par le quai du Rhône; ils s'étaient entourés de barricades à toutes les issues de la place des Cordeliers, et ils avaient fait de l'église leur place d'armes, leur hôpital et leur salle d'artifice. Ils avaient pour chef dans cette localité un nommé Lagrange (1), employé jusqu'à la

(1) Il a été arrêté dans la retraite sûre qu'on lui avait

veille du combat chez l'ingénieur du département. Cet homme avait combattu contre les ouvriers aux journées de novembre, dans les rangs de la garde nationale et de la ligne; depuis, il était devenu saint-simonien, et s'était fait républicain. Son quartier-général était dans l'église Saint Bonaventure : il avait sous ses ordres cinquante ou soixante hommes résolus qu'il répartissait tour à tour sur tous les points.

Ils prirent un agent de police, le nommé Corteys, qui fut reconnu par eux pour être un de ces ignobles suppôts que le peuple désigne sous le nom de *mouchards*. On le fouilla, et on trouva sur lui une liste des principaux chefs de l'insurrection. Dans le premier moment, il n'y eut qu'un cri pour le fusiller; plusieurs même le couchèrent en joue; il allait périr. Lagrange fit une allocution philantropique à ces furieux, et il parvint à les calmer. « Au souverain seul appartient le droit de vie et de mort, leur dit « il; le peuple est souverain, c'est à lui de « juger. Qu'il s'assemble en jury, qu'il pro-

donnée, par la trahison d'un ami vendu à la police, qui l'a dénoncé

EGLISE DE St BONAVENTURE

et

PLACE DES CORDELIERS

« nonce ; sa sentence sera sans appel, et vous « l'exécuterez. Mais, croyez-moi, braves amis, « ne souillons pas l'aurore de la république « en répandant le sang d'un homme dé- « sarmé : c'est bien assez de celui qui coulera « dans le combat. » Vingt-cinq ou trente insurgés étaient rangés en cercle autour du chef; ses paroles furent comprises par le plus grand nombre. « Point de sang! point « de sang! » s'écrièrent quelques voix. Ces mots trouvèrent de l'écho dans l'âme de ces hommes si irrités un moment auparavant, et le malheureux, qui attendait son sort, garrotté à la pompe qui est au milieu de la place, fut arraché à une mort qu'il croyait inévitable (1). On se contenta de le garder à vue dans une maison voisine. Ce fut là le premier usage que *le peuple souverain* fit de son autorité, ce fut là la justice populaire. Sur ces entrefaites, un insurgé pris les armes à la main, était conduit par les soldats à la tête du pont de l'Archevêché. Un fourrier d'un régiment d'infanterie légère de-

(1) Deux ou trois insurgés jetèrent leurs armes quand ils virent qu'on faisait grâce à Corteys, et ils se retirèrent chez eux en disant qu'ils étaient trahis.

manda au général Aymar ce qu'il fallait faire de cet homme : « Il fallait le fusiller tout de « suite ; à présent il est trop tard, » répondit le général avec humeur ; et à peine s'était-il éloigné, que le prisonnier, poussé vers le parapet du quai, en face de l'hôtel de l'Europe, fut fusillé par quatre carabiniers. Comme il essayait encore de se soulever malgré ses membres fracassés, en criant : « Vive la liberté ! » les soldats le prirent et le précipitèrent dans la Saône, au coin de la première pile du pont. La rivière était basse et le recouvrait à peine : il n'était pas tout à fait mort, on l'acheva à coups de fusil. C'était la justice militaire : qu'on la compare avec celle du peuple. J'ai vu cet homme la face tournée vers le ciel, dans la posture où il était tombé ; ses bourreaux le contemplaient en ricanant et insultaient à un cadavre par d'infâmes quolibets. Les eaux de la Saône étaient teintes du sang qui suintait de ses horribles blessures ; ce sang criait vengeance.

Les troupes occupaient la rive gauche du Rhône, entre le pont Morand et celui de la Guillotière, les insurgés étaient répandus en tirailleurs sur le quai des Cordeliers, et inquiétaient les soldats de l'autre côté du fleuve. On fit avancer de l'artillerie. Les pavillons du pont Charles X, déjà mutilés en novembre 1831, volèrent en éclats; les deux maisons qui forment l'angle aux coins du quai et de la place du Concert, la maison du Concert et l'ancien bâtiment des Cordeliers furent criblés de coups de canon; la maison Mongez fut réduite en cendres; par trois fois le feu prit au collége, et trois fois il fut éteint par les élèves, malgré la fusillade des Brotteaux, l'étage supérieur de la maison qui est au coin de la rue Gentil, sur le quai, fut brûlé; un homme avait été blessé en faisant la chaîne. C'est ici le lieu de rapporter une réponse stoïque et digne d'un Spartiate du vieux temps. Comme l'incendie faisait de rapides progrès dans cette maison, les propriétaires furent demander à la mairie qu'on leur envoyât les pompes de la ville. « Qu'on la laisse brûler; on n'y a pas « mis le feu pour l'éteindre, » répondit-on. Mot digne de passer à la postérité avec les horreurs dont nous avons été les témoins.

Cependant on continuait d'attacher des pétards incendiaires aux maisons, et on faisait sauter des pans de murailles qui engloutissaient les habitans sous les décombres. Il n'y a pas d'expressions dans la langue pour qualifier cette action barbare : il faudrait créer des mots nouveaux pour peindre des faits nouveaux. Dès qu'on disait à l'autorité militaire : « On a tiré de cette maison, des « insurgés s'y sont réfugiés, » elle était vouée au pétard, aux boulets ou aux obus, en un mot à la destruction, elle et ses malheureux habitans.

Le général trouva apparemment qu'il étendait trop le centre de ses opérations en détachant quelques hommes à la garde du pont Chazourne, qui joint le cours du Midi à la Quarantaine : l'ordre fut donné de le faire sauter. Mais, comme on était pressé, on imagina un moyen commode et qui ne faisait courir aucun risque. On coupa les amarres d'un bateau chargé de foin sur le quai d'Occident; on y mit le feu, et il fut dirigé en travers sur deux arches du pont, qui devinrent bientôt la proie des flammes, jusqu'à fleur d'eau. Ce pont, bâti en bois, était une propriété particulière. Il avait été construit pour faciliter les remblais de Perrache. Aucun danger pressant ne nécessitait sa destruction, puisqu'une compagnie aurait suffi pour le garder; mais tel fut le bon plaisir du proconsul. Un bateau à vapeur et deux bateaux de transport furent brûlés en même temps.

A la Guillotière, rien n'annonçait encore que la tranquillité publique dût être troublée, lorsque, vers sept heures du matin, des hommes amenèrent des charrettes aux quatre Ruettes et commencèrent une barricade. Un détachement de troupes s'y porta aussitôt. Alors quelques coups de fusil, partis des maisons de la Grand'-Rue, engagèrent la lutte terrible de cette journée si féconde en évènemens désastreux. Une fusillade bien nourrie fut d'abord dirigée uniquement sur la Grand'-Rue, et on tira à boulets sur la barricade. On ne se battait encore que sur ce point, lorsque des coups de feu, venus de la maison Charbonnier et des rues Moncey, Dieudonné et de Chartres, forcèrent les troupes à faire face de tous les côtés où elles croyaient voir une attaque. Ce fut alors qu'un horrible incendie se manifesta dans la maison Charbonnier, sur laquelle on envoyait des obus d'une distance de vingt pas environ.

Un vent du nord très-violent eut bientôt poussé les flammes jusque dans les appartemens de M. Hugues, cafetier, et chez M. Durand, aubergiste à l'enseigne de *la Couronne*. La situation des habitans devint alors affreuse : il ne leur restait d'autre alternative que de périr par le feu des soldats, qui repoussaient à coups de fusil tous ceux qui osaient se montrer, ou par le feu de l'incendie, dont les immenses progrès ne laissaient pas même le temps de fuir. Quelques locataires de la maison Charbonnier crurent trouver un refuge dans le fond de la cour, sous la remise de l'auberge de la Couronne. Ils y jetèrent ce qu'ils purent soustraire aux flammes de leurs effets mobiliers, n'ayant d'autre moyen de communication que le passage d'un toit à l'autre, après avoir percé plusieurs gros murs pour gagner cet abri, d'où l'impitoyable barbarie des soldats devait encore les chasser. En effet, le commandant lui même, à la tête de quatre hommes, fit enfoncer la porte d'une boutique inoccupée de la maison Charbonnier, dans l'intention de parvenir à l'auberge de la Couronne et d'en retirer un cheval qu'il y avait laissé la veille. Les portes résistèrent quelques minutes aux efforts réitérés des destructeurs, ce qui donna le temps aux infortunés qui avaient cherché un asile sous les hangards de l'auberge, de se sauver jusque dans la cour de M. Allemand, au moyen d'une échelle et de nouvelles percées dans le mur. Mais, dans leur fuite, ils abandonnèrent tout ce qu'ils avaient pu arracher à l'incendie. Les portes cédèrent enfin ; le commandant fit jeter de la paille sur le linge et sur les meubles qu'il trouva dans la remise ; il y mit le feu lui-même, et ne se retira que lorsqu'il fut bien sûr qu'il ne pouvait plus s'éteindre et qu'il se communiquerait aux bâtimens voisins. Cet horrible espoir ne tarda pas à se réaliser, car bientôt les deux maisons Delorme et les magasins de M. Allemand furent atteints et enveloppés.

A la faveur des flammes chassées devant eux par le vent du nord, et dont l'ardeur avait éloigné la poignée d'insurgés qui avaient commencé le combat, les soldats parvinrent, par la Grand'-Rue, jusque devant la porte de la maison Allemand, et là ils tirèrent de nouveau sur les habitans qui s'efforçaient encore de percer la muraille pour échapper à une mort certaine. Deux de ces malheureux furent blessés et périrent sous les décombres, d'où leurs cadavres, à demi brûlés, ont été retirés plus tard.

Toute la journée du 10 s'écoula au milieu de ces froides atrocités qui n'étaient commandées par aucun danger pressant, par aucune perte du côté des soldats, vingt fois plus nombreux que les insurgés ; on versa le sang français pour le seul plaisir de le voir couler; on brûla les habitations pour le plaisir de détruire. Cependant la nuit approchait, l'incendie s'étendait et devenait toujours plus intense ; aussi les maisons Naud et Barre furent-elles bientôt la proie du fléau dévorant. Si le vent du couchant ou du midi avait soufflé, c'en était fait de la ville de la Guillotière, heureusement le vent du nord ne changea pas, et les flammes se dissipèrent lorsqu'elles ne trouvèrent plus d'aliment, mais ce ne fut qu'au bout de trois jours. C'était pour Lyon un spectacle effroyable que les lueurs de ce vaste foyer qui se reflétaient pendant la nuit sur le coteau de Fourvières, et répandaient au loin un éclat rougeâtre et sinistre. Nos neveux croiront-ils qu'au dix-neuvième siècle, dans la seconde ville de France, des soldats français ont épuisé pendant tout un jour leur aveugle fureur contre des maisons, bien plus, contre des maisons dont leurs camarades s'étaient emparés pour en faire autant de postes d'où ils tiraient sur tout ce qu'ils apercevaient? Si l'on veut s'en assurer, qu'on interroge les ruines et les empreintes de dévastation des maisons Bellon, Morel, et surtout de la brasserie et des maisons C***; on restera convaincu que les barbares exécuteurs d'ordres plus barbares encore, ont dignement rempli leur mission infernale de ruine et de destruction. Qu'on aille demander à M. C*** neveu, si la parole d'un *brigand* n'aurait pas été plus sûre que le sauf-conduit d'un détachement du 21e, qui, après lui avoir promis protection, a fait feu sur lui à quinze pas! Que l'on cherche dans les prairies de la Guillotière, et l'on trouvera deux places encore rougies du sang innocent, c'est celui d'une femme et d'un enfant qui, à genoux, supplians, n'ont pu obtenir grâce pour leur sexe ni pour leur âge.

Ce qui se passait à la Guillotière n'était d'ailleurs qu'un épisode du drame épouvantable qui se jouait dans tous les quartiers de Lyon : partout on entendait la fusillade sans interruption, partout le canon grondait, et ses longs mugissemens portaient au loin la terreur, en même temps que les boulets, les obus et la mitraille donnaient la mort et sillonnaient les rues et les places dans tous les sens ; partout le sang ruisselait; bien loin de se calmer, la fureur et l'acharnement des combattans allaient toujours croissans. Les habitans étaient claquemurés dans leurs maisons; à peine permettait-on aux femmes de sortir pour acheter du pain, et encore ne le pouvaient-elles sans danger; plus d'une fois on a tiré sur elles; les rues étaient désertes, ou occupées seulement par les troupes : cependant le préfet fit afficher la proclamation suivante dans les quartiers dont les insurgés ne s'étaient pas rendus maîtres.

« Habitans de Lyon!

« Nos efforts pour éviter une collision ont été vains. Le siége de la justice a été attaqué par les factieux, et nous nous sommes vus réduits à la nécessité de le faire respecter par les armes.

« Partout où nos troupes se sont montrées, avec une valeur et un dévouement admirables, partout les insurgés ont pris la fuite et n'ont pu s'opposer à leur élan qu'en se cachant dans des maisons d'où ils ont été *débusqués* toutes les fois *qu'on a jugé convenable* de l'entreprendre.

« Resserrée dans un étroit espace, la révolte espère en vain se maintenir; coupée sur tous les points de ses communications, espérant en vain des renforts des villes voisines, dont la tranquillité n'a pu être altérée. elle sera bientôt réduite à céder.

« Ayez confiance dans vos magistrats, dont la *sollicitude* ne tend qu'à adoucir des malheurs qu'elle n'a pu éviter; ayez confiance dans les talens, dans le zèle des généraux et dans la contenance et le courage de nos braves soldats, et votre ville sera bientôt délivrée des *maux passagers* qu'elle éprouve.

« Lyon, 10 avril 1834.

« *Le conseiller d'Etat préfet du Rhône*,

« GASPARIN. »

Les troupes balayaient les rues à coups de fusil; elles y étaient donc seules, et seules elles eurent connaissance de la proclamation adressée par M. le préfet aux habitans de

Lyon, qui ne purent pas s'attendrir sur la *sollicitude de leurs magistrats*, ni prendre *confiance dans les talens, dans le zèle des généraux et dans la constance et le courage de nos braves soldats*, alors que ceux ci *débusquaient* les insurgés en faisant sauter les maisons.

Il était vrai que partout où les soldats se présentaient de front, les insurgés étaient bientôt dissipés, mais cela ne menait à rien, c'était toujours à recommencer; on tuait, on fusillait, on remplissait les caves de l'Hôtel-de-Ville et les prisons de Roanne et de Perrache : l'insurrection se maintenait toujours aussi audacieuse, aussi tenace. Le faubourg de Vaise, qui n'avait été encore le théâtre d'aucune démonstration hostile, fut occupé, dans la journée du jeudi, par les insurgés, au nombre de vingt-cinq à trente; ils désarmèrent un poste de dragons, qu'ils laissèrent aller sans leur faire de mal. Un homme, le nommé *Caron*, fut tué ce jour-là par des coups de fusil tirés du poste de la barrière de Vaise, qui, ainsi que l'Ecole vétérinaire, resta toujours au pouvoir des troupes.

L'autorité ne s'attendait pas à une résistance aussi opiniâtre, surtout à Saint Georges, dans le quartier Saint-Jean et sur les hauteurs; aussi les officiers-généraux rassemblés en conseil discutèrent-ils s'il convenait de continuer la guerre ainsi qu'on l'avait commencée, ou s'il ne valait pas mieux évacuer la ville et se retirer dans les forts, d'où il eût été plus facile de réprimer l'insurrection sans perdre un seul homme.

Voici ce qu'a écrit à ce sujet un écrivain qui ne saurait être suspect en cette occasion, et qui était en mesure d'être bien informé :

« ..... Cependant, dit-il, c'est dans ces fa-« vorables circonstances qu'a lieu une déli-« bération fort extraordinaire sur laquelle « j'aurais aimé à garder le silence : on dis-« cute en conseil militaire la question de l'é-« vacuation de la ville. Combien l'issue des « plus grands évènemens tient à peu de « chose !.....

« ..... On pouvait donc hésiter sur la pos-« sibilité d'une attaque générale, quoique « dans tout état de cause l'occupation des « rues de l'intérieur à force ouverte fût une « nécessité ; mais ce ne fut pas ainsi que la « question se posa : on mit en délibération « l'évacuation de la ville.

« Cette mesure étrange se couvrait, au

« reste, de belles couleurs : on abandonne-
« rait la ville, disait-on, mais on se main-
« tiendrait sur les hauteurs de la rive droite
« de la Saône, et dans la possession de la
« caserne crénelée d'Orléans, qui commande
« la Croix Rousse; et toutes les forces de la
« garnison, bientôt accrues par la prochaine
« arrivée de nombreux renforts, se concen-
« treraient sur la rive gauche du Rhône. C'é-
« tait un changement de position, et non une
« évacuation : l'honneur militaire et l'intérêt
« de l'Etat demeuraient intacts. Par ce mou-
« vement, on s'affranchissait de l'obligation
« d'aller conquérir des vivres pour chaque
« journée, à la pointe de la baïonnette, le
« long du quai étroit et tortueux de la Saône;
« on ne courrait plus la chance de l'inter-
« ruption des communications, et de sur-
« prises telles que celle qui avait rendu le
« parti insurgé maître du dépôt des dragons,
« où il a trouvé quelques chevaux, des ar-
« mes, de la poudre et des effets divers d'é-
« quipement; enfin la garnison restant maî-
« tresse des clefs de Lyon, pourrait y ren-
« trer toujours quand elle jugerait convena-
« ble de le faire, et ne serait pas dans la
« nécessité de se commettre, avec des forces

« inférieures, contre une immense population « tion que protégent d'inexpugnables rem« parts.

« Cette mesure de l'évacuation de Lyon « (car il s'agissait bien d'une évacuation) fut « discutée très-sérieusement et prise en con« sidération immédiate ; elle reçut même un « commencement d'exécution. Rien n'est plus « incroyable, et cependant rien n'est plus « vrai. Lyon heureusement ne fut point cette « fois encore abandonné par la fortune : « l'ordre pour l'évacuation n'eut pas de suite ; « on le retira. S'il eût été définitivement « adopté, la seconde ville du royaume aurait « cessé d'exister, et la responsabilité de sa « ruine et des conséquences incalculables « d'une seconde victoire complète de la ré« volte, eût pesé à jamais sur la garnison et « sur ses chefs (1). »

En effet, on aurait bombardé Lyon, on l'aurait réduit en cendres ; par ce moyen, les rebelles auraient été détruits, mais la ville aurait disparu avec eux ; l'orléanisme aurait agi comme ces médecins ignorans qui, ne pouvant venir à bout d'une maladie grave,

(1) *Insurrections de Lyon*, pages 248 et suivantes.

tuent le patient pour en finir : dans ce cas-là, le remède eût été pire que le mal ; c'était la peur qui le conseillait. On resta d'accord qu'il ne fallait pas abandonner la ville ; seulement la proposition fut mise en avant de se retirer du quartier Saint-Jean, où le feu des insurgés faisait beaucoup de mal aux troupes. On s'arrêta à cette proposition, et des ordres furent donnés au génie de se tenir prêt. Trente à quarante arbres de la promenade de Bellecour (1) furent coupés et transportés à la tête du pont de l'Archevêché, pour en faire un abattis et interrompre toute communication avec le quartier Saint Jean. Le génie éleva une barricade à l'extrémité de la rue du Plat, vers le pont, et on y plaça une pièce de canon ; une autre pièce fut mise en batterie à la porte du Palais-Royal, en face du quai ; ces deux pièces étaient destinées à balayer les quais, dans le cas où la rive droite de la Saône étant abandonnée entièrement par les troupes, les insurgés eussent voulu se répandre sur la

(1) Deux fois ces beaux arbres avaient été respectés par les troupes étrangères bivouaquées sur la place de ce nom, pendant les invasions de 1814 et de 1815, mais *le juste-milieu* n'a pas fait tant de façons.

rive gauche et se mettre en communication avec le centre de la ville. Le génie n'attendait qu'un signe pour couper les chaînes du pont Seguin. Des barils goudronnés et remplis de matières inflammables étaient disposés pour incendier au besoin le vieux pont volant. Heureusement la panique qui avait conseillé ce parti désespéré ne fut pas de longue durée, sans cela combien de maux affreux n'aurions-nous pas à ajouter encore à tout ce que nous avons vu! Les insurgés voyant les troupes se retirer, n'auraient pas manqué de prendre position dans le quartier Saint-Jean, et de rattacher ainsi le quartier Saint-Georges à Saint-Paul et à Vaise. Alors l'artillerie aurait eu beau jeu pour foudroyer ce côté de la ville, qui ne serait plus aujourd'hui qu'un monceau de ruines.

Ainsi Lyon était en proie à toutes les horreurs de la guerre civile, et, chose étrange! on avait plus à redouter de la fureur de ceux qui auraient dû être les défenseurs de l'ordre, que de la licence de ceux qu'on accusait d'en vouloir à la vie et aux biens des citoyens paisibles. En effet, les seuls quartiers tranquilles étaient ceux qu'occupaient les insurgés; on y circulait librement et en sûreté, on n'y vivait pas sous le régime de l'arbitraire et de l'état de siége : ces *farouches républicains*, ces *anarchistes* ne commettaient aucune violence et ne se faisaient pas un jeu de tirer sur les passans et de détruire les maisons. Certes, en récapitulant les faits, l'avantage de la modération reste tout entier aux insurgés.

La fusillade et le canon avaient grondé tout le jour; le soir retrouva les habitans dans les mêmes angoisses que la veille; personne ne voyait plus de fin au combat; et telle était la lassitude des hommes honnêtes et tranquilles, que peu leur importait à quel parti resterait la victoire, pourvu que l'état de choses sous lequel on se sentait comme écrasé ne se prolongeât pas davantage. En effet, il n'y avait pas de position plus pénible ; les amis du pouvoir tremblaient de se réveiller aux cris de *vive la république!* ils ne rêvaient que pillage; leur coffre-fort absorbait toutes leurs pensées; pour les légitimistes, ils n'étaient pas en cause dans ce conflit : le débat était entre leurs ennemis; et quelle qu'en fût l'issue, ils n'avaient rien à gagner au triomphe des insurgés, pas davantage à celui de Louis-Philippe. Pour eux, le sentiment qui dominait était la douleur de voir leurs concitoyens s'entr'égorger. Les orléanistes, qui ont fait cause commune pendant quinze ans avec les perturbateurs de la paix publique, avec les républicains, avec tous les ennemis de la restauration; les orléanistes, qui ont encouragé toutes les révoltes, qui les ont payées de leur argent, ne manquent jamais, aux moindres commotions, de crier à l'alliance des partisans de Henri V avec les républicains; mais cette accusation est aujourd'hui vide de sens. Comment en effet pourrait-on l'entendre? Il n'y a d'alliance possible que si les républicains vont aux légitimistes; et le jour où il en serait ainsi, le jour où ces deux grandes fractions, les seules qui aient des sentimens généreux et du patriotisme, se réuniraient pour demander le retour de la légitimité, l'orléanisme aurait cessé d'exister, et la révolution ne paraîtrait plus que dans les pages ignobles que l'histoire lui réserve.

TROISIÈME JOURNÉE.

VENDREDI 11 AVRIL.

Déjà on en était à l'aurore du troisième jour, et les choses n'avançaient pas; si l'un des deux partis semblait avoir quelque avantage, c'était celui de l'insurrection; on pouvait croire que l'autorité militaire avait pris à tâche de traîner la guerre en longueur.

Jusqu'à ce jour, le nombre des hommes armés répartis entre Saint-Georges, Saint-Irénée, Saint-Just et Fourvières, n'avait pas excédé quarante; mais dans la matinée, quelques insurgés partis la veille pour chercher des armes, de la poudre et des recrues dans les communes voisines, rentrèrent en ville avec un renfort d'une cinquantaine d'ouvriers d'un aspect misérable. Cette bande arriva à la barrière Saint-Just, précédée d'un tambour qui battait aux champs; elle fut reconnue militairement par le chef du poste, et disséminée ensuite sur différens points du quartier. On assure que la plus grande partie de ces étrangers voyant qu'il n'était pas question de pillage, quitta la ville la nuit suivante, et ne reparut plus.

Lorsque les troupes avaient évacué le fort Saint-Irénée, elles avaient jeté dans une citerne toutes les munitions en poudre et projectiles; les insurgés retirèrent une partie des gargousses, et les placèrent sur un caisson qui fut traîné rapidement à bras jusque sur la place des Minimes; le caisson leur servit à faire une barricade au coin du Chemin-Neuf et du marché. Ils avaient fait un feu-très vif sur la ville; ils continuèrent encore de tirer tout ce jour-là; mais la mauvaise qualité de leur poudre avariée et l'inexpérience de ceux qui servaient la pièce, empêchèrent heureusement qu'il y eût de grands désastres. Toutefois la possession d'un canon redoubla l'audace, l'énergie et l'assurance des révoltés, et la nouvelle bientôt répandue et grossie dans la ville qu'ils avaient de l'artillerie, augmente l'épouvante et la consternation. Les pièces en batterie sur le quai et la place Bellecour répondirent à leur feu peu dangereux par une grêle de boulets et d'obus, qui portèrent de rudes atteintes à l'église de Fourvières; on y a compté les traces de trente boulets environ. La troupe tira encore tout le jour, avec un acharnement remarquable, sur la Quarantaine et le pavillon Meysoniat.

Les insurgés envoyèrent dans la journée de nouveaux détachemens pour chercher des armes à Sainte-Foy, Francheville, Chaponost, Tassin, Brignais, Saint-Genis, Oullins, Pierre-Bénite, etc., etc. La veille, ils avaient été déjà à Sainte-Foy, mais comme ils étaient en petit nombre et sans armes, on se refusa à leurs exigences : ils menacèrent et promirent de revenir en force; c'est ce qu'ils firent ce jour-là; ils annoncèrent que la révolution avait éclaté simultanément à Paris, Dijon, Grenoble, Saint Etienne, qu'ils attendaient des renforts, et ils signifièrent qu'il fallait leur livrer les armes de la garde nationale; le conseil municipal se rassembla, et décida qu'on obtempérerait à leur demande; on fit donc crier au son du tambour dans tout le village, qu'on eût à apporter les armes à la mairie; à Oullins il en fut de même. Les insurgés rapportèrent en tout soixante ou quatre-vingts fusils sans munitions. A Brignais, le conseil municipal délibéra aussi, mais il s'en tira plus adroitement : il répondit que la garde nationale ne pouvait se dessaisir de ses armes, qu'elle en avait besoin pour sa propre sûreté; cette raison parut suffisante, et les insurgés se retirèrent. Dans toutes ces expéditions, on ne vit que des hommes étrangers au quartier et commandés par des chefs inconnus, armés l'un d'un sabre de dragon, l'autre d'un pistolet d'arçon, etc., etc.

On sonna le tocsin tout le jour à Saint-Just; les insurgés mirent le feu à la caserne neuve et à trois bâtimens en dépendant et appartenant au gouvernement; ils voulurent encore incendier la caserne des Minimes, ce qui aurait exposé tout le faubourg à une destruction entière, car les flammes poussées par le vent du nord qui soufflait avec fureur, auraient trouvé un aliment facile dans les vieilles masures de ce quartier, et il eût été impossible d'arrêter leurs ravages, les citernes étant privées d'eau. Le sieur *Lassale,* cafetier sur la place des Minimes, parvint à détourner les insurgés de ce projet en leur persuadant que la caserne n'était pas un édifice public, mais qu'elle appartenait à des particuliers.

L'état-major de l'insurrection dans ce quartier était ainsi composé : 1° Un chef supérieur, jeune homme de bonne mine, qu'à son costume bizarre quelques personnes ont pris pour un saint-simonien ; d'autres ont dit qu'il était Espagnol ; il portait à la ceinture un long pistolet d'arçon, on ne l'a plus revu.

2° Un Polonais, qui prenait le titre de comte; il commandait en second. Il était venu de Valence, disait-on, pour prendre part à l'insurrection, mais elle était déjà commencée lorsqu'il arriva. Cet homme portait une blouse par-dessus ses vêtemens ; il prodiguait à ses subordonnés des épithètes énergiques et peu honorables, et avec un accent germanique très-prononcé. Lorsque les troupes se furent emparées des hauteurs de Fourvières, il crut pouvoir rentrer en ville par la barrière de Saint-Just, après avoir pris la précaution, pour se déguiser, de se dépouiller de sa blouse; mais reconnu par des habitans qui se trouvaient à la barrière, il fut arrêté.

3° Une espèce de payeur, homme déjà sur l'âge, remarquable seulement par un chapeau à larges bords d'une excessive dimension. Il fit assez bien son service les premiers jours; mais à la fin de la semaine, les fonds baissèrent; alors les insurgés furent dans la nécessité de faire des quêtes à domicile, où ils recevaient en pain et en argent, sans témoigner d'ailleurs aucune exigence, ce qu'on voulait bien leur donner. Comme les habitans avaient la liberté d'aller et de venir, on avait placé un tronc à la barrière de Saint-Just, où chaque passant déposait volontairement son offrande.

Les insurgés firent bien quelques visites domiciliaires pour se procurer des armes et surtout de la poudre, mais ces perquisitions se firent toujours sans violence.

A la Guillotière, la matinée fut plus calme que n'avait été le jour précédent; elle succédait à une horrible nuit, dont le silence ne fut troublé que par les détonations des armes à feu, et par l'écroulement des toits des maisons incendiées. Au point du jour, on convint de suspendre de part et d'autre les hostilités jusqu'à midi, pour arrêter, si cela était encore possible, les progrès affreux de l'incendie. Ainsi quelques hommes sans chef, manquant de vivres et de munitions, voulurent bien accorder une trève de quelques heures à des bataillons entiers, en considération de leurs concitoyens, afin de réparer les maux que ces mêmes bataillons avaient causés. Pendant ce répit on ne songea qu'à déménager et à se soustraire aux nouvelles horreurs qui devaient suivre la reprise des hostilités. Ce fut alors qu'on entendit des soldats dire avec un horrible sang-froid : *A midi, nous recommencerons à brûler, nous avons l'ordre de tout détruire.*

Pendant la trève, on envoya dans les prisons de Lyon quinze ou vingt ouvriers qu'on avait pris à tout hasard dans leurs domiciles; arrivés près du pont, deux d'entre eux s'évadèrent; aussitôt les soldats firent feu sur eux; et le nommé *Eymin,* citoyen paisible qui avançait en ce moment sa main en dehors de sa fenêtre pour fermer son volet, eut le bras cassé du même coup qui donna la mort à l'un des fuyards; l'autre, blessé mortellement, fut traîné jusqu'au milieu du pont et jeté dans le Rhône. La blessure d'Eymin a nécessité l'amputation, à la suite de laquelle il a succombé.

Bientôt quelques coups de fusil tirés de loin rendirent aux soldats toute leur ardeur pour le combat. Enhardis par le succès des jours précédens, quelques-uns, abreuvés de liqueurs fortes dont ils s'étaient emparés, osèrent envahir la maison Félissant, habitée par un vieillard (le nommé *Biolet,* dit *grand bon Dieu*), dont la femme malade et la fille aliénée étaient retenues au lit depuis plusieurs jours. Ils n'eurent pas de peine à y pénétrer. Aussitôt entrés, ils appuyèrent leurs baïonnettes sur la poitrine du malheureux Biolet, et allaient le massacrer, lorsque le vieillard imperturbable découvrant sa poitrine, leur dit : « Tirez, je suis Français, j'ai assez vécu. » Le sang-froid de cet homme lui sauva la vie.

D'autres soldats se montrèrent plus bar

bares envers un enfant de quinze ans, qui ayant été blessé d'un coup de feu à la main, s'était réfugié dans une cave, au milieu de femmes tremblantes priant à genoux en attendant la mort; ces soldats entrèrent dans la cave, ils virent la main de l'enfant ensanglantée; ils le traînèrent dans la cour malgré ses supplications et ses cris, et le fusillèrent. Le cœur saigne au récit de tant d'actes de barbarie, et encore combien en est-il qui n'ont eu de témoins que ceux qui les ont commis!

Cette journée se passa sans combat dans le faubourg de Vaise, les troupes n'ayant fait aucun mouvement.

A Saint-Nizier, le feu recommença de bonne heure; cependant les insurgés étaient toujours en très-petit nombre, et ils demandaient à grands cris du secours et des armes.

Vers huit heures, des barricades furent encore élevées en un instant à l'entrée de la rue Trois-Carreaux et de celle de la Fromagerie, au-dessus de la petite rue Longue. Il semblait, aux dispositions que prenaient les insurgés, que le terrain allait être défendu pied à pied; on entendait aux environs un feu très-animé : cependant leur petit nombre n'augmentait pas.

Un instant après, ils détruisirent eux-mêmes leurs barricades en répétant leur cri : *Aux armes! aux armes!* Quelques hommes précédés d'un tambour cherchaient à faire croire aux soldats que leurs forces s'étaient concentrées sur ce point; le tambour restait quelquefois seul sur la place, battant la charge. On voyait passer et repasser souvent un enfant armé de la hallebarde du Suisse de Saint-Nizier, prise le premier jour; deux ou trois hommes du peuple, dont l'un était coiffé d'un bonnet de coton, avaient revêtu par dessus leurs haillons de vieilles cuirasses qu'ils avaient trouvées chez un chaudronnier; ils étaient armés de sabres, et se multipliaient au point qu'ils semblaient être partout à la fois.

A dix heures, les insurgés abandonnèrent la place; six ou huit soldats arrivés par la petite rue Longue avaient suffi pour les dissiper; un feu très-vif s'engagea du côté de la place de la Fromagerie. Avant midi les insurgés reparurent, chassèrent à leur tour les soldats, et reprirent leurs positions, se portant, comme auparavant, tantôt du côté de la petite rue Longue et de la Fromagerie, tantôt sur la place Saint-Nizier, vers la rue Trois-Carreaux et vers celle des Souffletiers.

Un de ces hommes passa son sabre à travers la tenture noire qui couvrait encore le portail de l'église Saint-Nizier; il voulait avoir un morceau de l'étoffe, ses camarades s'y opposèrent et le menacèrent; mais un instant après il en vint d'autres moins scrupuleux; ils enlevèrent un large lambeau de la tenture, l'attachèrent au bout d'un baton pour en faire un drapeau, et le promenèrent dans les rues. A une heure, le drapeau noir flottait sur le clocher de Saint-Nizier. Les insurgés avaient pénétré dans l'église et s'y étaient établis; une seule des portes latérales fut ouverte pour servir de passage et communiquer par l'allée *des Morts* avec la rue de la Poulaillerie.

La place des Cordeliers était toujours le quartier-général des insurgés, dans cette partie de la ville, mais les troupes n'osèrent pas s'y aventurer; on se contenta d'y envoyer des boulets, se vengeant ainsi contre des maisons de l'impuissance où l'on croyait être d'agir d'une manière plus décisive.

Dans la journée on fit circuler une nouvelle proclamation du préfet, dans le goût de la première; elle était conçue en ces termes :

« HABITANS DE LYON!

« La prolongation de l'état pénible où se trouve la ville de Lyon tient à un petit nombre de factieux qui pénètrent dans les maisons et recommencent à tirer dans quelques quartiers. Dans cet état de choses, permettre la circulation complète, ce serait leur donner la facilité de changer de position, de communiquer entre eux et de porter le désordre partout. Pour diminuer cependant cette gêne, qui ne dépend pas de l'autorité, mais qui est le résultat des désordres auxquels les habitans n'ont pas *su s'opposer* avec énergie (1), on vient d'autoriser autant qu'il sera possible la circulation des femmes.

« La ville de la Guillotière a bien apprécié cette position, et les habitans, qui ont tant

(1) Comment cela leur eût-il été possible? les troupes les tenaient bloqués chez eux; on a déjà vu qu'il ne leur était pas permis de sortir même pour les premiers besoins de la vie

eu à souffrir hier des mesures militaires qui ont été prises pour faire cesser l'agression, ont obligé les factieux à cesser le feu, et ont reconquis leur repos.

« Sachez les imiter, sachez, dans chaque rue, dans chaque quartier, vous entendre entre voisins, pour qu'on ne viole pas vos domiciles et que l'on ne vous expose pas aux risques des mesures militaires et à la destruction qu'elles entraînent, et tout changera de face en un instant, et vous serez rendus à vos travaux et à vos habitudes.

« Croyez la voix de l'autorité, qui, après avoir si long-temps hésité à répondre aux provocations, vous indique les vrais moyens de faire cesser le désordre.

« Lyon, le 11 avril 1834.

« *Le conseiller d'État préfet du Rhône,*

« GASPARIN. »

Du côté du jardin des Plantes, quelques insurgés étaient rentrés le matin dans les maisons au bas de la rue Saint-Marcel, et particulièrement dans un cabaret de la maison Germain, à l'angle de la côte des Carmélites; la barricade étant encore debout, trente soldats environ, conduits par un officier, s'approchèrent de la côte, et engagèrent de là une fusillade à laquelle on riposta des fenêtres et de la barricade; les soldats montrèrent encore de l'hésitation en cette circonstance; l'officier fut obligé d'arracher le fusil de l'un d'eux et de marcher en avant; alors ils le suivirent, prirent possession de la maison des bains et de la maison Germain, et se placèrent aux fenêtres et sur les toits pour répondre aux coups de fusil qui étaient tirés des maisons et de la barricade du bout de la rue Saint-Marcel. Ces dispositions prises, un détachement marcha contre la barricade, sous la protection du feu de ceux qu'on avait laissés aux fenêtres; la troupe malgré cela n'avança pas franchement, et se mit à l'abri dans l'enfoncement que font les maisons où se trouvent un ferblantier et un marchand de meubles. Pendant ce temps-là, l'officier restait au milieu de la rue, encourageant les soldats; ils tiraient à l'aventure contre les fenêtres et contre la barricade, qui cependant finit par être emportée et détruite. Les insurgés, après avoir tenu bon contre le feu de la ligne presqu'à bout portant, abandonnèrent le poste, ne pouvant plus résister à des forces si supérieures; ils étaient tout au plus douze, et n'avaient pas entre eux plus de quatre fusils. Dès que la troupe fut maîtresse du terrain, on monta dans les maisons et on y fit des arrestations, surtout dans la maison Rambaud, qu'on voulut faire sauter, et dans la maison Germain, où on découvrit douze insurgés au fond d'une chambre noire donnant sur une cour; c'était, dit-on, le lieu de leurs réunions. Il est inutile d'ajouter que pendant tout ce temps-là, les habitans ne pouvaient pas s'approcher de leurs fenêtres sans être couchés en joue; les soldats qui garnissaient la maison des bains, faisaient des décharges continuelles dans la direction de la côte des Carmélites.

Vers Saint-Paul, dix hommes, dont à peine la moitié avait des armes, tinrent jusqu'à la fin de l'insurrection, soit dans les petites rues qui débouchent sur le quai de Flandre, soit derrière les crénelures pratiquées dans les murs de l'auberge du Chapeau-Rouge et des maisons voisines. Ils ne cessèrent de tirer sur les troupes qui occupaient le port de la Feuillée, la tête du pont, plusieurs maisons du quai Saint-Vincent et le clocher de Saint-Louis. Quelques soldats et deux officiers furent tués à la Feuillée, Las de tirailler contre un ennemi invisible, on fit approcher du canon pour écraser les maisons d'où partait un feu si continu. Dans la soirée du 11, une grêle de boulets furent lancés contre le Chapeau-Rouge et la maison Richarme; les portes et les fenêtres du premier étage furent renversées. La fusillade des insurgés se ralentit sur ce point, mais elle recommença le lendemain avec le même acharnement.

Le canon des Chartreux a fait aussi beaucoup de mal dans la partie du quartier Saint-Paul qui regarde cette hauteur; huit boulets ont percé les murailles du presbytère, d'où on n'avait pas tiré un seul coup de fusil; le clocher fut atteint d'un boulet qui causa de grands dégâts; les insurgés y avaient constamment sonné le tocsin.

On a remarqué une femme qui s'est montrée tous les jours sur le quai de Flandre, où elle venait braver le feu de la troupe de ligne.

Il n'y a eu que peu de morts dans ce quartier : trois ou quatre ouvriers ont péri sur les toits, deux hommes inoffensifs ont été tués dans l'intérieur de leur domicile, atteints par les balles parties du clocher Saint-Louis, l'un d'eux est le jeune Follesse, âgé seulement de dix-huit ans, l'espérance et déjà le soutien de sa famille; une femme qui avait reçu chez elle un coup de feu au bras succomba plus tard à l'amputation.

Des barricades inexpugnables avaient aussi été élevées dans ce quartier; on remarquait entre autres celle de l'escalier du Change, haute au moins de dix pieds, sur six d'épaisseur. Pendant que les choses se passaient ainsi sur tous les points de notre vaste cité, la place Bellecour, où était toujours le quartier-général de l'armée assiégeante, offrait le spectacle pittoresque d'un bivouac; on aurait dit des Russes ou des Prussiens amenés là par la victoire : la place était couverte de baraques faites avec des planches prises çà et là; comme en pays ennemi, des feux nombreux où le bois des *bourgeois* n'était pas ménagé, étaient entourés de soldats qui faisaient là leur première campagne; un parc considérable d'artillerie était en arrière, les chevaux sellés et bridés étaient au piquet; quelquefois un cheval de dragon s'échappait et venait se jeter au milieu de cette mêlée; d'autre fois, un coup de fusil se faisait entendre et causait une alerte : c'était un conscrit qui avait lâché la détente de son arme en la nétoyant, et tout le camp était en émoi. Des détachemens rentraient, des blessés portés sur des civières passaient à travers cette foule, qui, à l'aspect du sang, prononçait des paroles de vengeance ; on buvait, on mangeait, c'était la vie des camps, mais non cette vie insouciante qu'y mène le soldat en face d'un ennemi qu'il se fait gloire de combattre, parce qu'il pourra montrer un jour, avec orgueil, les cicatrices des coups qu'il en aura reçus. Cependant le canon de 24 grondait et battait en brèche l'Observatoire et l'église de Fourvières ; les soldats témoignaient leur joie lorsque les boulets portaient et lorsqu'ils voyaient les pierres voler en éclats ; toutefois il y avait bien quelques cœurs généreux qui gémissaient sur les horreurs dont ils étaient malgré eux les instrumens passifs ; il en est plus d'un qui a pleuré sur les trophées de ces jours de deuil. Oh ! pour nous, enfans de la cité lyonnaise, c'était un triste et cruel spectacle que celui-là ! le bruit des armes, le murmure sourd et menaçant de cette multitude, tout cela remplissait l'âme d'amertume et de douleur. Au milieu de ces scènes tumultueuses, la statue de Louis XIV s'élevait noble et superbe, et l'on s'étonnait de la voir encore debout, alors que la vieille monarchie s'était écroulée.

On se battait depuis trois jours, et il n'y avait plus à Lyon ni autorité municipale, ni tribunaux, ni administration civile; l'état de siége n'avait pas été proclamé, mais il existait de fait. La ville était à la merci de l'autorité militaire. Un orléaniste eut *l'heureuse* idée de former une garde nationale, et il fut offrir ses services au général Aymar; il se proposa modestement pour être à la tête de cette milice citoyenne; on fit ce qu'on put pour donner suite à ce projet, mais on ne vint à bout de recruter que quatre volontaires, dont trois étaient des employés de l'administration : il fallut donc y renoncer. Si on avait voulu une garde nationale, c'était quelques jours auparavant qu'on devait y songer, lorsqu'elle pouvait s'interposer entre les insurgés et les soldats, et éviter le massacre des citoyens et la destruction de nos foyers.

Les vivres commençaient cependant à manquer, les riches trouvaient à peine le moyen de s'en procurer, mais les pauvres souffraient, tandis que les soldats regorgeaient de tout. Ce n'était pas comme aux journées de juillet, où la garde royale ne recevait ni vivres ni munitions. Les rations de pain et de viande, de vin et d'eau-de-vie étaient faites largement et régulièrement; les soldats allaient prendre le fourrage, le bois et le charbon dans les bateaux, sans compter avec personne, car les propriétaires n'étaient pas là pour défendre leurs droits, et d'ailleurs leurs réclamations auraient été vaines auprès d'hommes qui, avant la victoire, traitaient déjà Lyon en pays conquis.

Quoique les troupes fussent maîtresses absolues des quartiers de Bellecour et de Perrache, elles étaient dans la continuelle inquiétude d'une surprise, au point que tous les toits des maisons autour de la place furent couronnés de soldats, pour qui l'apparition subite d'un chat était un sujet d'alarmes, tant ils avaient l'esprit frappé de l'idée que les insurgés étaient partout. Quand ils apercevaient une tête à quelque lucarne ils n'hésitaient pas à tirer. On les a vus faire la chasse aux hommes sur les toits. Un malheureux fut tué sur une maison de la rue du Plat; un italien nommé *Bertolio*, plâtrier de profession, fut tué aussi dans la rue du Pérat. Poussé par une imprudente curiosité, cet homme était monté sur la maison de Bellevue, qu'il habitait, pour examiner l'aspect que présentait la place; il était sans armes; des voltigeurs l'aperçurent et le mirent en joue; il se sauva, mais une balle l'atteignit et l'étendit roide mort; les soldats poussèrent du pied le cadavre : il était au bord du toit, et il tomba dans un petit jardin de la maison au coin de la rue du Pérat et de la Charité. Pour justifier ces meurtres, on disait que les insurgés tiraient des maisons voisines, ce qui ne pouvait se supposer raisonnablement; c'eût été se vouer en effet à une mort certaine, pour la stérile satisfaction de tirer un seul coup de fusil, car aussitôt qu'on entendait la détonation d'une arme à feu dans le voisinage, tout le monde était sur pied; cent voix s'élevaient, et malheur aux maisons que la peur ou la vengeance désignaient, elles étaient marquées non pas de la croix noire, mais par le boulet et une grêle de balles.

La lutte continuait pourtant sans que rien pût faire prévoir une solution, quoiqu'il fût arrivé des renforts de troupes et de l'artillerie. Des nouvelles fâcheuses vinrent aggraver la position des choses; on apprit que Grenoble, Vienne et Saint-Etienne avaient tenté un mouvement républicain; le courage des insurgés s'en accrut; et les troupes craignant que le soulèvement ne fût devenu général en France, commencèrent à calculer les suites possibles de leur acharnement contre le peuple.

Si le gouvernement avait voulu s'en tenir à la revanche des trois journées de novembre, la guerre civile aurait touché à son terme, car nous étions au soir du troisième jour; mais la leçon n'était pas assez complète. La nuit vint donc, comme les précédentes, non pour ramener le silence et le calme, mais pour envelopper de son voile funèbre des scènes de carnage et de destruction qui ne semblaient plus qu'un horrible passe-temps.

QUATRIÈME JOURNÉE.

SAMEDI 12 AVRIL.

La fusillade, qui n'avait pas cessé pendant toute la nuit, reprit dès le matin avec une nouvelle énergie. Nous voyions déjà le quatrième soleil de l'insurrection, et les positions étaient de part et d'autre les mêmes que le premier jour.

Dès le commencement, l'autorité avait donné le mot à ses suppôts, et on s'était hâté de répandre le bruit que la révolte était soudoyée par les légitimistes ; l'autorité savait de reste qu'il n'en était rien, mais elle voulait exploiter cette opinion à son profit. En conséquence, des commissaires de police furent envoyés à l'hôtel des Colonies, au domicile de M. Adolphe de Bourmont et de M. Sala, avec l'ordre de faire une visite rigoureuse chez ces messieurs, et de les conduire ensuite en prison. M. de Bourmont était arrivé de Paris depuis peu de jours, allant rejoindre sa famille en Suisse ; il avait consenti à s'arrêter à Lyon pour aider au tirage d'une loterie faite au profit des Vendéens, et il était sur le point de repartir pour Genève, lorsque l'insurrection éclata et l'en empêcha. Quant à M. Sala, il était à Lyon depuis le commencement de décembre, tout le monde le savait, tout le monde le voyait, sa conduite était au grand jour. Si l'autorité avait eu des griefs réels contre lui, rien n'était plus facile que de l'arrêter tous les jours et à toutes les heures ; mais plutôt, cela n'eût servi à rien : en ce moment, au contraire, c'était une bonne fortune pour l'orléanisme de trouver sous sa main deux jeunes hommes dont le dévoûment et la persécution ont rendu les noms populaires. Ils furent donc arrêtés après avoir été fouillés, sans qu'on pût découvrir chez eux rien qui les compromît. Ils étaient encore au lit : singuliers chefs de complot, que ceux qu'on trouve couchés pendant que le bruit des armes retentit de toutes parts! On allait les conduire en prison. M. Belloc, substitut du procureur du roi, offrit généreusement de les garder chez lui sur leur parole d'honneur, jusqu'à ce qu'il fût statué sur leur sort. En même temps on fit circuler parmi les troupes le bruit absurde que le maréchal Bourmont était à la tête du mouvement insurrectionnel, que son fils avait été pris les armes à la main et fusillé sur le champ; on disait aussi que le général polonais Romarino était venu de sa personne guider les insurgés, que cinq à six cents forçats libérés et un grand nombre de réfugiés piémontais et polonais s'étaient mêlés aux mécontens; en un mot, on inventait tous les moyens de répandre la terreur et de faire croire à l'alliance carlo-républicaine, *à l'alliance monstrueuse*, fantôme que l'autorité jetait en avant pour légitimer ses mesures. Ce jour-là on arrêta un jeune légitimiste, M. de Ruffieu, qui fut mis aussi sur sa parole avec MM. de Bourmont et Sala, chez M. le substitut du procureur du roi. On disait partout que les sbires de la police avaient pris chez M. de Ruffieu 20,000 fr. en or, qui certainement *étaient destinés à payer l'émeute*. Lorsque la justice fit l'information, ces 20,000 fr. se réduisirent à *quatre ou cinq cent francs*. M. de Ruffieu, parti de chez lui avec cette somme pour faire un voyage en Provence, avait été surpris par l'insurrection à Lyon; on avait voulu voir en lui un conspirateur, et on avait fait insérer plus tard dans les journaux salariés, qu'un légitimiste avait été arrêté ayant sur lui une somme de 20,000 fr., comme si, dans tous les cas, il était défendu de voyager avec pareille somme.

Les prisonniers furent interrogés : il n'y avait aucune charge contre eux; et lorsque la rébellion fut comprimée, on consentit à les relâcher, à condition qu'ils quitteraient Lyon. Ils ne voulaient pas d'abord entendre à cette capitulation, qui leur semblait être un acte de faiblesse par lequel ils achetaient leur liberté, cependant leurs amis les y engagèrent, et ils y consentirent. M. de Bourmont voulut partir le soir même par la diligence de Genève. Arrivé le lendemain à Nantua avec un passeport en règle et le certificat signé *Chégaray*, qui attestait qu'il n'y avait pas lieu à poursuivre, il fut cependant arrêté par M. le procureur du roi de cette ville, qui guettait au passage les voyageurs venant de Lyon, dans l'espoir de rendre quelque service signalé à l'ordre de choses. Il crut, en lisant le nom de Bourmont sur un passeport, qu'il avait fait une capture importante; et malgré le visa pour Genève, malgré la signature de M. Chégaray, il empêcha M. de Bourmont de continuer sa route, et le retint prisonnier dans son auberge, avec un gendarme à sa porte, jusqu'à plus ample informé. M. Sala partit plus tard, et arriva sans obstacles à Genève. M. Chégaray envoya l'ordre de laisser aller M de Bourmont, et, sur ces entrefaites, le télégraphe transmettait de Paris l'ordre de les garder l'un et l'autre en prison, qu'il y eût des charges contre eux ou qu'il n'y en eût pas; mais heureusement il était trop tard. Voilà la justice et la liberté comme l'entendent les hommes du pouvoir sorti des barricades de juillet

On a prétendu que l'arrestation de MM. de Bourmont et Sala fut la suite d'une dénonciation. Un homme du juste-milieu écrivait de Rome à un orléaniste déjà connu par ses dénonciations et ses lettres confidentielles au ministre de la justice en 1830. Celui-ci communiqua la lettre de l'homme du juste-milieu au *Courrier de Lyon.* Voici un extrait de cette lettre et les réflexions dont ce journal jugea à propos d'en faire précéder l'insertion :

« Nous recevons d'*une personne digne de foi* l'extrait suivant d'une lettre écrite de Rome. En comparant sa date avec celle des évènemens dont notre ville vient d'être le théâtre, nos lecteurs y trouveront *une nouvelle preuve* de l'étendue des ramifications du complot qui a éclaté chez nous, et de la simultanéité d'action que les deux factions carliste et républicaine y ont déployée.

« Rome, le 30 mars. — *Extrait.*

« ... Nous avons ici tous les coryphées du « noble faubourg, les Bourmont, les Laro- « chejaquelein, les Talon, les Marcellus.... « Ils ressemblent en tous points aux anciens

« émigrés de Coblentz. C'est la même jac-
« tance, la même ignorance des dispositions
« de la France; ils ne rêvent que terreur,
« que guerre civile, que bouleversement,
« *passage salutaire* et prélude obligé de l'âge
« d'or qu'ils préparent à la France, et que,
« dans leur enthousiasme prophétique, ils
« annoncent toujours, *irrévocablement et sans*
« *remise*, pour le mois prochain *au plus tard.* »

La *personne digne de foi*, c'était l'homme aux dénonciations et aux lettres confidentielles. Singulière preuve que celle qu'on allait chercher dans une lettre particulière! Il a fallu pour cela tout le fanatisme et toute l'impudeur de l'orléanisme.

Je reprends le récit des évènemens de la quatrième journée.

Le combat avait recommencé à Saint-Nizier de très-bonne heure, comme la veille; le nombre des insurgés n'était pas plus considérable.

Les deux portes latérales de l'église furent ouvertes, afin que les personnes qui allaient chercher des provisions ne fussent plus obligées de traverser la place, sillonnée par les balles de la troupe de ligne.

Vers une heure, quelques ouvriers arrivèrent sur la place, élevant leurs crosses en l'air et faisant signe aux soldats, qui étaient enfin parvenus sur le toit d'une maison de la rue des Bouquetiers, que des parlementaires leur étaient venus de l'Hôtel de-Ville. Trois d'entre eux prirent la parole et demandèrent une trève de trois quarts d'heure, afin d'aviser aux moyens de s'entendre. « Nous « sommes vos frères, vos amis, disaient ils; « nous sommes Français; joignez-vous à « nous : vive la ligne! Cessez le feu; nous ne « recommencerons pas sans vous prévenir : « comptez sur notre parole comme nous « comptons sur la vôtre. » Pendant quelques instans, le feu cessa de ce côté, et la meilleure intelligence sembla régner entre les uns et les autres. Les insurgés se promenaient sans défiance sur la place; cependant on se battait toujours dans la direction de la rue Longue et de la rue Syrène. Quelques ouvriers venant de la rue Trois-Carreaux, tenant aussi la crosse en l'air, parurent tout à coup sur la place, se dirigeant vers la rue qui mène à la Fromagerie. Les soldats croyant sans doute qu'ils allaient porter du secours de ce côté, où la fusillade continuait, firent feu sur le groupe et étendirent mort sur le pavé un de ces malheureux, déjà blessé, qui fut aussitôt transporté dans l'église. Dès ce moment le combat recommença avec la même obstination qu'auparavant. Quelquefois on voyait les insurgés comme saisis d'une terreur panique et réduits aux abois, s'enfuir vers la rue Trois-Carreaux; d'autres fois ils revenaient à la charge ou s'embusquaient pour tirer sur la rue des Bouquetiers, occupée par les troupes. Ils essayèrent de se poster sur la petite plate-forme de l'église; mais la place n'était pas tenable, et ils l'abandonnèrent. Il fut d'autant plus facile de prévoir que les hostilités allaient finir sur ce point, que trois bourgeois envoyés en parlementaires par l'Hôtel de-Ville, et que les insurgés avaient fait passer au milieu de leurs barricades les yeux bandés, ne tardèrent pas à revenir par la même voie, accompagnés de la même manière. Mais la négligence de leurs guides leur avait permis de reconnaître le petit nombre des combattans, l'insuffisance des armes et les mauvaises dispositions prises pour défendre plusieurs points importans. On commit encore la maladresse de leur débander les yeux avant de quitter l'enceinte qu'occupaient les insurgés; on pérora pendant assez long-temps inutilement avec eux. Aussi, à peine avaient-ils eu le temps de regagner l'Hôtel-de-Ville et de faire leur rapport, que le feu recommença de la part des troupes avec une grande énergie; il était à peu près deux heures. On voulait évidemment tenter un dernier effort, et il n'était pas douteux qu'on n'eût voulu se procurer auparavant des renseignemens précis sur l'état des choses. Les soldats, qui, dans ce quartier du moins, n'avaient pas encore mis autant de tenacité, se rendirent maîtres de la place sans difficulté : ils l'auraient pu dès le premier jour. Ils s'établirent sur le parvis, pénétrèrent dans l'église et dans la sacristie, où ils brisèrent la boiserie, enfoncèrent les armoires. Tout l'argent qui s'y trouvait, environ 400 francs, disparut : cet argent était celui des pauvres. Après cet exploit, ils remplacèrent sur le clocher le drapeau noir de l'insurrection par les trois couleurs de l'orléanisme, qui, en d'autres temps, avaient été aussi l'étendard de la révolte.

Dès que les soldats eurent pris possession du quartier, il ne fut plus permis de regarder même à travers les vitres des fenêtres, car ils tiraient aussitôt qu'ils y voyaient quelqu'un. Les insurgés s'éparpillèrent et se cachèrent dans les maisons où on voulut leur donner asile. La troupe occupa toutes les rues adjacentes de la place ; il n'y avait plus une âme ; et malgré cela, elle y faisait un feu roulant contre les maisons. Alors l'insurrection du centre de la ville fut resserrée dans le quartier des Cordeliers, où moins de cinquante hommes mal armés, mais désespérés, bravaient une garnison nombreuse. L'église de Saint-Bonaventure allait devenir un nouveau cloître Saint-Méry, où quelques malheureux étaient déterminés à attendre la mort plutôt que de se rendre.

Au bas de la grande côte, à l'angle de la rue de la Vieille-Monnaie, une barricade défendue par quinze hommes (trois ou quatre seulement étaient armés de fusils), fut attaquée par la troupe ; les insurgés la repoussèrent ; mais attaqués une seconde fois par des forces plus considérables, la barricade fut enlevée ; cinq insurgés furent tués, le reste se dispersa.

Pendant que ces scènes de carnage se passaient à Lyon, le faubourg de Vaise devenait aussi le théâtre des plus abominables fureurs. Les insurgés avaient fait des barricades; des soldats qu'on envoyait à Alger et à Oran par mesure disciplinaire (car on n'a pas su faire autre chose de la conquête d'Alger qu'un préside); ces soldats, disons-nous, s'étaient joints au peuple après avoir désarmé leur escorte. Vers deux heures, le général Fleury dirigea une attaque vigoureuse contre ce faubourg. L'artillerie commença par tirer du fort Saint-Jean, pour préparer les voies à l'infanterie. Le carnage, car il n'y eut pas de combat, dura une heure et demie : quelques coups de fusil seulement furent tirés sur la troupe à mesure qu'elle débusquait par le pont de Serin. Ces troupes se composaient d'un bataillon du 15e régiment d'infanterie légère, descendu dans le faubourg, des hauteurs du Grillon, et d'un bataillon du 28e de ligne, qui entra par la barrière. Ces coups de fusil coûtèrent la vie à trois officiers et à deux soldats; un officier fut blessé

Au même instant, dit un témoin oculaire, le tocsin, le pas de charge, la mousqueterie, la mitraille, les cris de mort et de désespoir se firent entendre à la fois. On fit sauter la barricade, et les fuyards furent poursuivis à outrance. Le général Fleury avait donné à haute voix l'ordre de ne pas faire de quartier aux hommes, et de n'épargner que les femmes et les enfans. Cet ordre cruel fut encore outrepassé, comme on le verra par la liste des victimes de cette horrible journée. Quarante-sept cadavres ont été inhumés dans le cimetière de Vaise; dans le nombre, beaucoup sont restés inconnus. Voici les noms de ceux que l'on a pu reconnaître :

Marie Grisat, femme de Louis Saunier, mousselinier, demeurant à Vaise, rue Projetée, n° 14, s'était réfugiée chez le sieur Coquet, serrurier, route du Bourbonnais; là, après avoir reçu une première blessure, elle fut égorgée, laissant quatre enfans en bas-âge.

La femme Hébert, maison Chaminet, fut tuée par une balle qui passa à travers sa fenêtre entr'ouverte; on voit encore au plancher de sa chambre l'empreinte de sept balles.

Le nommé V. Jourdan, dessinateur, âgé de 26 ans, fut pris à son domicile, où il était resté pour soigner son grand-père, vieillard de 80 ans; il demanda à être conduit devant le général Fleury; pendant le trajet, un adjudant-major prétendit que le malheureux jeune homme avait les lèvres noircies par la poudre; il l'accusa d'avoir déchiré des cartouches et d'avoir tiré sur la troupe; il le fit fusiller.

Un autre était auprès de son frère malade, dans une maison de la rue Projetée; cette maison fut envahie, et l'infortuné fut égorgé, malgré ses supplications.

Claude Sève, vieillard de 70 ans, demeurant chez sa fille Marie Sève, blanchisseuse, rue Projetée, maison Sourdillon, fut arraché violemment de son lit, percé de coups de baïonnette et jeté par la fenêtre.

Mathieu Prost, couverturier, rue Projetée, n° 14, fut pris chez le sieur Véron par des soldats du 28e de ligne, qui le fusillèrent.

Etienne Jullien, ouvrier en soie, rue Projetée, n° 7, fut enlevé aussi dans son domicile et fusillé sans qu'il lui fût permis de donner la moindre explication pour prouver son innocence.

François Lauvergnat, ouvrier en soie, rue Projetée, fut trouvé chez le sieur Véron, fabricant de couvertures, et fusillé par des soldats du 28e.

Voilà la pétition que le père de cet infortuné fit insérer plus tard dans un journal de Lyon (1) :

A S. M. Louis-Philippe Ier, roi des Français.

« Sire,

« Le règne de la justice est celui des grands « rois. Elu de la nation, roi des barricades, « je demande justice au nom de mon mal- « heureux fils ; je la demande au nom de « cent personnes victimes comme lui de la « plus criminelle atrocité.

« Le samedi 12 avril, de midi à une heure, « mon fils prit quelqu'argent, et se dispo- « sait à rejoindre sa mère et mon fils aîné, « qui étaient partis pour le village d'Ecully ; « il est arrêté en sortant de chez lui par des « voisins et amis, qui lui demandent où il « va ; il entre pour un instant chez les sieurs « Véron et Nérard, rue Projetée, n° 7, où se « trouvait un autre ami, le sieur Prost ; ces « messieurs étaient avec leurs épouses. Pen- « dant ce temps, les troupes entrent à Vaise, « et sont bientôt maîtresses de toutes les is-

(1) *Précurseur* du 17 mai.

« sues de la commune; alors des soldats du 28e
« de ligne et du 15e léger et des sapeurs du gé-
« nie enfoncent les portes, pénètrent dans les
« maisons non fermées. Mon fils, Véron et
« Prost sont percés de plusieurs coups de
« baïonnette; ils reçoivent des coups de feu;
« il expirent dans les corridors et au bas de
« l'escalier; le sieur Nérard seul est sauvé
« comme par miracle. Au même instant une
« infinité d'autres personnes inoffensives
« périssent dans le voisinage : le sieur Co-
« quet, maître serrurier, demeurant route
« de Tarare, n° 7, est frappé de mort chez
« lui avec la dame Saunier; c'était un vieil-
« lard de soixante deux ans : l'on sait que
« son dévouement pour votre personne al-
« lait jusqu'à l'exaltation. Mon fils, Véron,
« Prost et Nérard étaient franchement dé-
« voués à votre gouvernement et à votre
« personne. *Toute ma famille*, SIRE, *vous*
« *aime*, et mon jeune fils est soldat au 54e
« de ligne.

« Que le grand coupable, que celui qui a
« ordonné tant de crimes paraisse devant
« des juges; tel est mon vœu : il doit être
« exaucé. Comme père, comme Français,
« j'ai rempli un devoir sacré. Sire, vous

« remplirez ceux que la royauté vous impose.
« J'ai l'honneur d'être, SIRE, votre très-
« humble, votre très-obéissant et très-dé-
« voué serviteur.

« *Signé* LAUVERGNAT,
« fabricant de couvertures.

« Vaise, faubourg de Lyon, le 12 mai 1834. »

Les soldats prirent chez lui un malheureux qui se cachait, si grande était la terreur que les vainqueurs inspiraient; parce qu'on le trouva caché, on décida qu'il était du nombre des insurgés, et qu'il avait fait feu sur les soldats ; en conséquence, on l'entraîna pour le *passer par les armes.* Il avait beau protester de son innocence, les soldats ne tinrent aucun compte de ses paroles. Voyant qu'ils étaient inexorables, il leur demanda pour toute grâce que sa femme, retirée dans une autre partie de la maison, ne vît ni n'entendît rien de ce qui allait se passer; et le malheureux se résigna à son sort, et se mit en devoir de suivre les soldats au lieu choisi pour l'exécution. Cependant sa femme, avertie du malheur qui la menaçait, se précipita sur les traces de l'escorte, et se jeta dans les bras de son mari en poussant des cris de désespoir, et jurant que si on voulait le fusiller on serait obligé de la massacrer avec lui. Les bourreaux essayèrent de l'arracher du cou du patient, où elle se tenait suspendue; mais ce fut en vain, son courage et son désespoir quadruplaient sa force. C'était une scène déchirante faite pour fléchir les cœurs les plus sauvages ; tant d'efforts ne purent rien sur les exécuteurs des *ordres impitoyables*, et ils allaient fusiller le malheureux ouvrier, lorsqu'arriva un sous-officier qui apporta l'ordre de le relâcher. On venait de s'assurer que ce n'était pas de la maison qu'il habitait que les coups de fusil étaient partis, mais d'une maison voisine : *on s'était trompé.*

Dufour, mousselinier, rue Projetée, n° 6, fut arraché du domicile d'Alexandre Markoff, route du Bourbonnais, n° 32, où il s'était réfugié, et il fut fusillé, laissant une veuve enceinte.

Un conducteur de voitures demeurant dans la maison Laroche, sur la route du Bourbonnais, fut fusillé chez lui. Il laisse une femme et un enfant. Sa femme demandait grâce pour lui, et avait obtenu d'abord qu'on l'épargnerait.

Le nommé Hérault était enfermé chez lui, rue Projetée, n° 7. On enfonça sa porte, on lui vola la somme de 8 francs. Il tenait ses enfans dans ses bras pour émouvoir la pitié des assassins : on les lui arracha, et il fut impitoyablement fusillé sous leurs yeux et sous ceux de sa femme.

Véron, fabricant de couvertures, ancien militaire, libéré du service, demeurant rue Projetée, n° 7, fut massacré par des soldats du 28e de ligne.

Barge père et fils, mousseliniers, route de Villefranche, n° 19, furent, le premier égorgé sur la place, le second tellement criblé de blessures, qu'il en est mort, laissant une veuve et deux enfans.

Dervieu fils, journalier chez un marchand de charbon, s'était réfugié à la mairie; un agent de police le saisit et le jeta au milieu de la rue, où il fut fusillé, on lui fendit ensuite la tête d'un coup de sabre.

Derognard, boucher rue des Pattes, fut tué d'un coup de fusil au moment où il entrait dans sa boutique.

Michel Masson, serrurier, d'un âge avancé,

revenait de la demi-lune avec une autre personne, ils étaient sans armes : tous les deux furent égorgés.

Un charron de la place du marché fut tué comme il descendait du Grillon.

Coquet, serrurier, demeurant route de Tarare, n° 7, fut assassiné chez lui malgré ses soixante ans; tous ses meubles furent pillés ou brisés.

Fontaine fils, âgé de 19 ans, ouvrier journalier chez le sieur Reculot, fut tué devant la mairie, avec les mêmes circonstances que Dervieu fils.

Un ouvrier de la brasserie du sieur Musculus, Grand'-Rue, mourut de ses blessures, deux jours après la prise du faubourg.

Les deux frères Pipier, revenant de Saint-Just, sans armes, s'arrêtèrent pour boire une bouteille de vin dans le cabaret de la femme Bertrand; ils furent fusillés en en sortant, dans les prés à l'ouest du faubourg.

Tous les disciplinaires furent passés par les armes à mesure qu'on les prenait.

Les nommés Meunier, Planthay et Rozier ont été tués.

Parmi les cadavres déposés au cimetière, il s'en trouvait un calciné et défiguré par le feu ;

c'était celui d'un homme qui, voyant les soldats arriver dans la maison du sieur Chagny, épicier, où il se trouvait, se cacha entre des matelats; ils le découvrirent, et le percèrent de coups de baïonnette, ensuite les barbares voyant qu'il vivait encore, s'amusèrent à répandre une traînée de poudre sur son cadavre, ils y mirent le feu, et quand ils s'en furent servis assez long-temps comme d'un jouet, ils le jetèreut par la fenêtre. Cet homme travaillait chez un marchand de charbon, il était de la commune d'Ecully.

On assure, dit une relation imprimée à Lyon, chez Louis Perrin, mais nous nous refusons à le croire, qu'une famille entière occupant une maison des toits de laquelle on avait fait feu sur la troupe, a été passée par les armes : père, mère, deux filles de quinze à vingt ans et trois enfans en bas âge, rien n'a été épargné! une petite fille de cinq ans, seule, s'est jetée au cou d'un soldat en lui criant : *Ne me tuez pas, monsieur, je vous en prie!* et le soldat n'eut pas la barbarie de lui donner la mort. Elle resta seule pour attester les horreurs de la guerre civile.

On a nommé aussi un enfant de quinze à

seize ans, massacré de sang-froid après avoir eu la jambe cassée.

Quand les troupes eurent occupé le faubourg, elles défilèrent devant le cadavre d'un ouvrier étendu mort au milieu de la rue, la tête dans le ruisseau. « Bourgeois, bois la goutte, » furent les seules paroles que leur inspira la vue de ce malheureux.

Près du cimetière et de la rue Projetée, existe un large fossé pour l'écoulement des eaux; plusieurs individus y ont été fusillés; et plus de quinze jours après une large trace de sang caillé indiquait aux passans le lieu de l'exécution.

Le 12 avril au soir, un enfant de quinze ans, appelé *Gaillard*, du faubourg de Serin, fut rencontré par une femme qui lui dit : « Eh bien, petit gamin, tu n'as donc plus ton fusil? » Sur ce mot, les soldats l'arrêtèrent et le conduisirent à la caserne de Serin. Profitant d'un moment où on ne l'observait pas, l'enfant prit la fuite; un premier coup de fusil le manqua, au deuxième il tomba mort, puis son cadavre fut jeté dans la Saône.

Tous les appartemens dans lesquels la troupe s'introduisit, ont été pillés, notamment ceux des nommés *Girard, Mille, veuve Hérault, Dufieu, veuve Mathieu, veuve Rosier, Pâque, femme Suty et fille Sève.*

La plume se refuse à tracer ces épouvantables détails ; il faut, pour aller jusqu'au bout, s'être imposé la pénible tâche de faire connaître toute la vérité, il faut être soutenu par la pensée que c'est un devoir qu'on accomplit envers la France en lui dévoilant des forfaits qu'on ne retrouve que dans les annales des peuples barbares. Point de quartier! tue! tue! ont dit des monstres à leurs satellites ; et les forcenés se sont jetés sur leurs concitoyens comme des loups dévorans; dans leur fureur impie, ils n'ont fait grâce ni aux vieillards, ni aux femmes, ni aux enfans, et ils n'ont pris de repos que lorsqu'ils ont nagé dans des flots de sang, lorsqu'ils ont vu et compté autour d'eux les cadavres mutilés de leurs victimes.

Le 12 avril sera long-temps un douloureux anniversaire pour le faubourg de Vaise. Ces pères privés de leurs enfans, ces veuves, ces orphelins, pourront-ils oublier jamais la *Saint-Barthélemy* de ce qu'ils avaient de plus cher au monde!

Les bataillons qui venaient de se signaler

si glorieusement, s'établirent militairement à Vaise; ils firent de copieuses libations de vin, et dans leur double ivresse, ils entonnèrent les hymnes de triomphe, que le peuple victorieux avait aussi chantés en d'autres temps.

La révolte était étouffée à Vaise, mais ce quartier présentait un hideux spectacle; d'un côté des larmes de sang, le désespoir, la mort; de l'autre, les saturnales du dieu de la guerre; mais tout n'était pas encore terminé, d'autres scènes du même genre se préparaient ailleurs, car c'était ce jour-là qu'on avait choisi pour en *finir*.

Vers cinq heures du soir, le général Aymar se décida à donner l'ordre d'enlever les barricades qui enfermaient le quartier des Cordeliers.

Le canon des Brotteaux avait battu en brêche depuis trois jours la place du Concert, et les maisons du quai du Rhône, depuis le collége jusqu'à la rue du Port Charlet: les obus avaient mis le feu sur plusieurs points, et il était impossible de l'éteindre, car on tirait sur ceux qui portaient du secours. Les habitans s'étaient réfugiés dans les caves, les insurgés ne tenaient plus que sur la place des Cordeliers et dans l'église Saint-Bonaventure. Deux compagnies du 6e et du 28e débouchèrent par la rue Grenette et par la rue de la Gerbe, enlevèrent les barricades et occupèrent la place des Cordeliers. Pendant que ce mouvement s'opérait, l'artillerie continuait à tirer sur le clocher et sur l'église, où quelques-uns des insurgés sonnaient le tocsin et essayaient encore de vendre chèrement leur vie. Mais ils furent bientôt obligés de céder au nombre et à la force ; les soldats enfoncèrent la porte de l'église et pénétrèrent pêle-mêle dans le saint lieu, où leur fureur sacrilége ne respecta rien. Ils étaient commandés par un réfugié napolitain qui, passant à Lyon au moment où l'insurrection éclata, avait été offrir ses services au lieutenant-général. Au moins cet homme n'était pas Français.

La troupe fit une première décharge en entrant dans l'église; les insurgés qui s'y trouvaient cherchèrent un abri derrière les colonnes, derrière l'autel et les chapelles latérales. On les poursuivit partout, jusque dans les confessionaux; onze de ces malheureux furent massacrés. Dans ce nombre il y en eut trois qui furent fusillés par ordre des chefs, malgré les supplications des prêtres de la paroisse, qui, descendus de la cure en cet instant, demandaient qu'on leur fît grâce. Un malheureux déjà blessé eut la présence d'esprit de faire le mort, et il resta étendu sur le pavé, sans mouvement, au milieu des cadavres et des flaques de sang. Un sous-officier s'apercevant qu'il était encore vivant, l'acheva à coups de baïonnette. On poursuivit dans les maisons qui avoisinent la place tous ceux qui purent échapper à la mort; quarante-deux prisonniers furent entassés dans une chapelle; plus tard on les conduisit à l'Hôtel-de-Ville : il n'y eut que deux soldats tués. Dans leur fureur, les autres brisèrent les confessionaux et enfoncèrent les placards de la sacristie.

Les journaux ont parlé d'un jeune homme qui, dans ce moment suprême, s'était placé debout sur l'autel, en face de l'entrée, les bras croisés, la poitrine en avant, et avait crié d'une voix forte et résignée : *Mes amis, voilà le moment de mourir pour la patrie!* on ajoutait qu'en prononçant ces paroles, il tomba criblé par un feu de peloton. Rien de pareil n'est arrivé : pas un insurgé ne fut frappé dans le chœur.

Il est impossible de se représenter ce qu'était l'intérieur de Saint-Bonaventure, dit un témoin de tout ce qui s'y passa. On eût dit que l'ange exterminateur planait sur ce séjour de la prière et du recueillement. Les hurlemens des assaillans, le bruit de la fusillade qui retentissait sous les voûtes, le mugissement continuel du canon qui battait la tour, les imprécations et les cris lamentables des mourans, leurs cadavres sanglans et défigurés par les coups de baïonnette et par les balles tirées à bout portant, tous ces horribles détails formaient un tableau déchirant que la plume, que la parole, que le pinceau seraient impuissans à retracer. Du sang partout, sur le pavé, sur les colonnes, contre les murailles : la maison du Seigneur était devenue un lieu d'abomination et de désolation. Dans les temps d'ignorance et de barbarie, les plus grands criminels trouvaient un asile inviolable au pied des autels du Créateur ; les païens n'auraient pas souillé les temples de leurs dieux du sang d'un homme, même coupable ; et nous, à l'apogée de la civilisation, nous avons vu des Français se ruer comme des bêtes fauves sur d'autres Français, et les égorger devant la croix de celui qui est mort pour le salut de tous! Ces hommes qu'on égorgeait étaient coupables, il est vrai; mais étaient-ils les seuls? Vous, hommes du pouvoir, vous combattiez avec eux naguère; comme eux vous étiez des révoltés, et vous avez déserté la cause du peuple pour l'opprimer. Parmi les exécuteurs de *vos ordres impitoyables*, combien en est-il qui furent décorés de la croix de juillet pour s'être mis en état de rébellion contre l'autorité légitime, et que vous avez décorés de la croix d'honneur en 1834, parce qu'ils se sont battus contre des révoltés avec lesquels ils marchaient en 1830?

Les taches de sang de l'église Saint Bonaventure ne s'effaceront jamais; les assassins du peuple sont marqués au front d'un sceau indélébile comme les régicides.

Pendant tout le temps que les insurgés occupèrent le quartier des Cordeliers, l'église servit d'ambulance; on y recueillait les blessés, on leur donnait là les premiers soins, et ensuite on les transportait à l'Hôtel-Dieu; il y en a eu en tout vingt ou trente : presque tous acceptèrent avec empressement les consolations de la religion et les sacremens, qui leur furent administrés par les prêtres de la paroisse. Plus tard on a fait à ces prêtres un crime de leur charité; ce serait donc aujourd'hui au samaritain qu'il faudrait adresser les reproches que l'Évangile fait à l'insensibilité du lévite? Un agent de police, le nommé *Corteys*, celui auquel les insurgés avaient fait grâce de la vie, quoiqu'ils eussent pris sur lui la liste des principaux chefs de la révolte, fut gardé dans l'église, ainsi qu'un sergent du 15e régiment d'infanterie légère et trois soldats du 6e de ligne, parmi lesquels était le caporal Merat, celui qui a dénoncé M. l'abbé Peyrard; aucun ne fut en butte à de mauvais traitemens.

Au moment où les insurgés virent qu'il ne leur était plus possible de tenir à Saint-Bonaventure, celui qui avait été chargé de garder l'agent de police Corteys le relâcha en lui disant qu'il espérait qu'en temps et lieu il se souviendrait qu'on lui avait sauvé la vie, que quelques furieux demandaient à grands cris. Le premier usage que fit Corteys de sa liberté fut de profiter de la connaissance qu'il avait des lieux et de la retraite de plusieurs des insurgés pour y conduire les soldats.

Cet homme a reçu plus tard de la main des siens le châtiment de son ingratitude et de son infamie. Revenant d'une expédition nocturne avec deux de ses pareils, il s'avança vers le factionnaire du pont Charles X, malgré les cris répétés de *qui vive?* Le factionnaire lui tira un coup de fusil à bout portant, et lui cassa l'épaule. On fut obligé de faire l'amputation du bras (1).

Les renseignemens pris sur les lieux s'accordent tous sur ce point, que les insurgés ne commirent là comme ailleurs aucun acte de violence, ni sur les personnes, ni sur les propriétés des habitans; ils se présentèrent dans les maisons, firent des quêtes, demandèrent du pain; ils reçurent ce qu'on leur donnait et ne prirent rien. Dans la nuit qui précéda le dénoûment du drame des Cordeliers, les ouvriers comprirent qu'ils s'étaient follement engagés dans une lutte dont l'issue ne pouvait que leur être funeste. Ils avaient ouvert les trois portes de la sacristie qui donnent sur la rue Champier, pour se préparer une retraite en cas d'une surprise qu'ils redoutaient pour la nuit même; on fut obligé d'enlever le Saint-Sacrement, qui avait été déposé à la sacristie; déjà on avait

(1) Il est mort plus tard des suites de cette opération

dépouillé les autels, de peur de quelques profanations. Lorsque Saint-Nizier fut pris, les insurgés virent que leur fin approchait; quelques-uns songèrent à se sauver, les autres résolurent de mourir. Les prêtres les exhortaient à mettre bas les armes: c'était le langage qu'ils leur avaient tenu dès le commencement; ils avaient prodigué aux blessés et aux mourans les soins de leur saint ministère; ils ne pouvaient faire autre chose, et cependant on a arrêté l'un d'eux comme complice et coupable d'avoir fait des cartouches avec les insurgés. On sait que l'autorité voulait et voudrait encore mêler les légitimistes dans une affaire toute entre elle et les républicains. Elle pensa que rien n'agirait plus efficacement sur l'opinion publique, que la vue d'un prêtre accusé d'avoir participé à la rébellion, d'avoir fait des cartouches dans l'église même où il exerce les fonctions de vicaire, en face de ses collègues et de son supérieur, de son supérieur, dont le dévouement à l'ordre de choses n'est pas suspecté. Mais l'opinion publique a repoussé l'accusation, et elle a montré son indignation de ce que, sur le témoignage unique d'un soldat abruti par le vin, séduit peut être par l'appât d'un salaire, on a arraché à ses amis et aux indigens dont il était l'appui, un jeune prêtre d'un caractère timide et pacifique, d'une piété douce et d'une modération reconnue, lorsque tous les témoignages se réunissent pour proclamer son innocence. On sera bien aise de lire la lettre écrite à ce sujet par le sieur Lagrange, après son arrestation :

« Prison de Roanne, le 13 juillet 1834

« MON CHER CONCITOYEN,

« Je profite du premier moment où mon « secret est rendu moins rigide pour vous « adresser l'extrait suivant de la déclaration « que j'ai faite dans mon interrogatoire à « M. d'Angeville, juge d'instruction, qui a « déployé dans l'accomplissement de ce de- « voir la loyauté la plus impartiale et la plus « délicate.

« Je déclare sur l'honneur et sur ma foi « de républicain, que c'est un odieux men- « songe que l'accusation portée contre un « ou plusieurs de MM. les vicaires de Saint- « Bonaventure, d'avoir contribué à la fabri-

« cation des cartouches ou à tout autre acte
« de résistance des défenseurs du peuple.

« Ces messieurs n'ont fait autre chose que
« remplir leur devoir comme hommes et
« comme ministres d'une religion de charité,
« en offrant, avec le zèle le plus touchant et
« le plus honorable, des secours et des con-
« solations de toute espèce aux malheureux
« blessés, *presque tous étrangers à la défense*,
« qu'on apportait de toutes parts dans leur
« église.

« Je déclare, en outre, que loin d'avoir
« cherché à prolonger la lutte, ils m'ont au
« contraire prié d'engager mes compagnons
« à ne pas sonner le tocsin, ce à quoi ceux-
« ci se sont empressés d'obtempérer, de
« peur d'attirer les boulets sur le grabat de
« nos pauvres malades.

« Je déclare, en outre, que je n'ai jamais
« su le nom de ces ecclésiastiques, que je ne
« les avais jamais vus avant les affaires, et que
« je ne les ai jamais rencontrés depuis :
« qu'ainsi donc aucune amitié particulière
« ne m'attache à eux. Du reste, mes opi-
« nions républicaines bien connues sont un
« sûr garant que je n'ai pour leurs opinions
« aucune sympathie politique.

« J'espère, du reste, que la loyauté de
« mes déclarations, en ce qui me concerne,
« fera considérer le témoignage que je porte
« aujourd'hui comme un hommage à la vérité
« et à la justice, et que mes paroles seront
« regardées comme celles d'un homme dé-
« voué à l'échafaud, qui veut paraître pur et
« sans tache devant le juge des juges.

« Je profite de cette occasion, mon cher
« concitoyen, pour adresser par la voie de
« votre estimable journal, aux honorables
« citoyens de toutes les classes et de toutes
« les opinions qui m'ont comblé des égards
« les plus généreux depuis ma proscription,
« l'assurance de ma vive et éternelle gra-
« titude.

« Je vous salue fraternellement,

« LAGRANGE. »

Les Cordeliers pris, il n'y eut plus un seul insurgé dans l'espace compris entre le quartier-général de Bellecour et l'Hôtel-de-Ville, et les communications furent rétablies. Les soldats s'échelonnèrent dans ces rues désertes toutes marquées par la dévastation. Les commissaires de police et leurs agens, suivis par des détachemens, continuèrent leurs perquisitions et arrêtèrent un grand nombre d'individus sans armes. Toutes les prisons regorgeaient déjà, et on ne savait plus où mettre ni comment nourrir les malheureux qu'on privait de leur liberté. Quatre jours de combats et de meurtres ne suffisaient pas aux vengeances du vainqueur : il fallait encore encombrer les cachots, où les innocens gémissaient pêle-mêle avec les coupables, en attendant la liberté ou le bourreau.

« Après cela ils déchaîneront contre vous « leurs satellites; ils feront bâtir des prisons « sans nombre, pour vous y enfermer; ils « vous poursuivront avec le fer et le feu; « ils vous tourmenteront, et répandront vo- « tre sang comme l'eau des fontaines (1). » Ces paroles venaient de s'accomplir dans toute leur rigueur. Fruits amers d'une révolution qui avait promis à la France la paix et le bonheur!

Si nous détournons nos regards de ces scènes horribles, ce sera pour les reporter sur d'autres du même genre. Le matin, le combat avait recommencé à la Guillotière;

(1) *Paroles d'un Croyant*, XXI.

les soldats, à l'imitation des insurgés, se barricadèrent; le génie prit des dispositions minutieuses et inutiles. Les barricades, construites avec des pierres de taille, des pièces de bois de charpente et des charrettes, étaient crénelées et en état de résister à de l'artillerie, quoiqu'on sût bien que les combattans de la Guillotière n'en avaient pas. On se disposait à recommencer l'incendie; les obus allaient de nouveau exercer leurs terribles ravages, lorsqu'heureusement le général Dejean, à la tête d'une escorte de dragons, vint faire une reconnaissance et voulut s'assurer lui-même de l'état des choses et des positions qu'occupaient les ouvriers. Il ordonna aussitôt à trois détachemens de se porter vers l'église par différentes avenues. Dans ce mouvement, le café Français fut saccagé par les soldats; à peine arrivés sur la place, ils forcèrent les portes de l'église et de la sacristie, enfoncèrent le tronc des pauvres et dispersèrent les ornemens du culte. Ainsi, ceux qui combattaient pour l'ordre et les propriétés firent ce que les insurgés n'avaient pas même tenté pendant trois jours de combat. En effet, ils avaient respecté l'église et le presbytère, sur la simple invitation du curé, et il est de notoriété publique que pas un habitant n'a eu à se plaindre de la moindre dilapidation de leur part.

Les vainqueurs bivouaquèrent dans l'église et se reposèrent sur les couronnes civiques qu'ils venaient de gagner. Il fut permis alors aux habitans de circuler et de visiter les ruines fumantes de leurs propriétés et les cadavres de leurs frères. En même temps l'orléanisme, qui jusque-là n'avait été que furieux, redevint insolent, car le danger était passé pour lui.

Il n'y avait pas eu plus de vingt hommes armés dans toute la Guillotière, et ces malheureux ne tinrent si long-temps que parce qu'ils croyaient que la troupe n'osait pas avancer.

Les pertes en maisons, mobilier, marchandises incendiées sur ce seul point, ont été évaluées approximativement à la somme de 1,190,000 francs. Vingt-huit ménages ont été réduits à la plus affreuse misère, sans parler de ceux qui ont plus ou moins souffert. L'îlot de maisons qui s'étend depuis la Grand'-Rue jusqu'au-delà de la brasserie Combalot, n'est plus qu'un monceau de cendres sous lesquelles deux personnes ont été ensevelies.

On se rappelle qu'au commencement de l'insurrection, un escadron du 7e régiment de dragons occupait le côté des Brotteaux. Un tailleur de pierre, le sieur Farnoux, demeurant au bas du pont Charles X, s'aperçut en rentrant chez lui que l'entrée de sa demeure avait été forcée, et qu'on lui avait enlevé une somme de 2,000 fr., une chaîne d'or, une chaîne à porter des ciseaux, et du linge. Averti par les voisins qu'il avait été volé par les dragons, il porta ses plaintes au capitaine. Celui-ci tout d'abord s'irrita contre lui, et le maltraita fort de ce qu'il accusait faussement, disait-il, ses dragons, ajoutant qu'il devrait le faire fusiller. Le plaignant insista, sûr que c'était bien les dragons qui l'avaient volé. Il désigna les objets, indiqua la marque de son linge. Enfin le capitaine consentit à faire mettre sur un rang les hommes de son détachement; on fit visiter leurs effets, et on trouva sur trois d'entre eux les chaînes, une partie du linge et une somme de 90 fr., qui furent rendus au propriétaire sur son reçu : le reste de l'argent ne fut pas retrouvé. Il n'y avait plus de doute sur la culpabilité des dragons, puisqu'ils étaient nantis des objets volés. Le capitaine devint plus traitable pour le sieur Farnoux, et s'engagea à faire une plainte contre les coupables. Le 26 mai ils ont été condamnés par le conseil de guerre à un an de prison, sans égard pour les circonstances aggravantes du vol, puisqu'il y avait eu effraction, et les voleurs étaient ceux-là même qui devaient défendre l'ordre public. Pour ne pas ébruiter cette affaire, on n'a pas affiché un seul exemplaire du jugement, qu'on trouvera à la fin de cet ouvrage (1).

Tout était fini à Vaise, à Saint-Bonaventure et à la Guillotière, mais les insurgés conservaient encore leurs positions à Saint-Georges, à Saint-Irénée, Saint-Just et Fourvières, à Saint-Clair et à la Croix-Rousse.

Des postes militaires étaient établis au bas du Chemin-Neuf et du Gourguillon. La résistance des insurgés commençait à mollir. Deux femmes arrivèrent à Saint-Just en criant que la troupe montait. Tout le monde prit la fuite, à l'exception de huit hommes

(1) *Voyez* Pièces justificatives, n° III.

qui restèrent à la barrière; les autres ne reparurent que lorsqu'ils se furent bien assurés que c'était une fausse alerte. Une seule compagnie qui se serait présentée en ce moment aurait occupé tout Saint-Just et tout Saint-Irénée.

On avait placardé une affiche près de la barrière de Saint Just. On a prétendu qu'elle était, comme toutes les autres, l'œuvre de la police ; elle était conçue en ces termes :

ORDRE DU JOUR.

« CITOYENS,

« A Vienne, la garde nationale est maîtresse de la ville, et a arrêté l'artillerie qui venait contre nous. Partout l'insurrection éclate. Patience et courage! La garnison ne peut que s'affaiblir et se démoraliser; quand même elle conserverait ses positions, il suffit de la tenir jusqu'à l'arrivée de nos frères des départemens. Au premier jour nous recevrons des nouvelles favorables.

« Lyon, le 22 germinal an 42e de la liberté.

« *Signé* ***. »

La veille on avait également informé le public, mais au son du tambour, qu'un bataillon venant de Mâcon avec de l'artillerie avait été arrêté et désarmé à Villefranche.

Le tocsin sonna tout le jour sur les hauteurs, le canon de Bellecour et du quai des Célestins joua sans relâche sur Fourvières, Saint-Just, Saint-Georges et le pavillon Meysoniat, dont la façade au levant fut complètement démolie. Ces fréquentes décharges avaient pour but de déloger un petit nombre d'ouvriers qui inquiétaient de ce point culminant le poste de l'Arsenal et celui du pont d'Ainay; on cherchait aussi, en tirant sur les différens clochers occupés par les insurgés, à faire taire les cloches qui sonnaient le tocsin. La tour de Saint-Just a été gravement endommagée. On répondit long-temps par des boulets à un feu de mousqueterie qui partait du haut du Chemin-Neuf, et rendait dangereux le passage du pont de l'Archevêché; ce feu était entretenu par deux enfans postés sur la terrasse de la maison Cussinet.

En général il n'y avait dans les quartiers du sud-ouest comme dans les autres quartiers, que deux ou trois insurgés derrière chaque barricade et dans les positions favorables. On conçoit que quarante à cinquante hommes au plus, disséminés sur la superficie très-étendue de ce quartier, ne pouvaient en fournir davantage pour défendre les nombreuses barricades qui s'y trouvaient. Tous les rapports qui nous sont parvenus s'accordent à dire qu'il en était de même dans le reste de la ville. On peut conclure de cette observation que la troupe de ligne, par une marche vive et décidée dès le premier instant, aurait perdu peut-être moins de monde, et aurait réprimé la révolte plus promptement que par le tâtonnement et l'hésitation qui ont caractérisé la tactique et le plan du général Aymar.

Quoique les troupes se fussent emparées des principaux points occupés par l'insurrection, l'inquiétude et la crainte étaient toujours les mêmes, car il n'était pas encore permis aux citoyens de sortir de leurs maisons, où ils étaient pour ainsi dire retenus prisonniers depuis quatre jours. Cette situation était insupportable. On ne savait rien de ce qui se passait au-dehors; le bruit du canon et de la fusillade, qui ne cessait pas, indiquait seulement qu'on se battait encore.

La nuit revint couvrir d'un voile funèbre les horreurs de la journée.

CINQUIÈME JOURNÉE.

DIMANCHE 13 AVRIL.

Le dimanche matin 13, le feu sembla s'être ralenti, et tous les cœurs s'ouvrirent à l'espérance de voir la fin des malheurs auxquels la ville était en proie. Cependant le canon grondait toujours et les coups de fusil se succédaient. La circulation fut enfin permise; le colonel de la gendarmerie délivra des laissez-passer qui ne mettaient pas le porteur à l'abri d'une balle qu'une sentinelle aurait eu la fantaisie de lui envoyer au détour d'une rue; mais en les exhibant aux sergens ou aux caporaux commandant les postes, on pouvait aller chercher du pain et de la viande, s'informer de ses parens et de ses amis, et recueillir quelques nouvelles sur l'état des choses.

Depuis le premier jour de l'insurrection, pas un journal n'avait paru, cela se comprend facilement. Cependant *le Réparateur*, journal légitimiste, dont les bureaux et l'imprimerie sont dans un quartier qui fut occupé dès le premier jour par les insurgés, rendit compte, dans trois supplémens, des journées des 9, 10 et 11. Les deux premiers avaient été imprimés, le troisième était prêt à l'être. Quelques numéros de ces supplémens furent répandus dans la ville, dans la soirée du 12 et dans la matinée du 13, lorsqu'il fut permis de circuler. Ce jour-là, dix sapeurs du génie, commandés par un sergent, se rendirent à l'imprimerie du *Répa-*

rateur, avec l'ordre de leur colonel de briser les formes du troisième supplément, dont on avait déjà tiré quelques exemplaires. Ce ne fut que par une sorte de transaction que l'imprimeur obtint de ces *censeurs* d'une nouvelle espèce la permission d'accomplir lui-même cette opération ; car la destruction de la composition exécutée par des mains plus accoutumées à manier la hache que des caractères, eût entraîné de graves dommages.

Ce fait-là est d'une haute importance ; il suffit pour montrer la voie d'arbitraire et de despotisme dans laquelle le pouvoir avait le projet bien formé de s'engager ; c'était un essai qu'on tentait sans se compromettre ; car l'ordre, qui d'ailleurs n'était que verbal, n'émanait pas directement du général commandant, mais d'un simple colonel, dont au besoin on aurait désavoué le zèle excessif.

Cependant le feu du canon des insurgés postés à Fourvières ne se ralentissait pas. On se décida enfin à les chasser de cette position ; et au lieu de l'aborder par le Chemin-Neuf, comme on pouvait le faire sans risques, on envoya un fort détachement composé d'infanterie et de dragons, par la chaussée Perrache, le pont de la Mulatière et Sainte-Foi, pour tourner une position qu'il était si facile de prendre de front, puisqu'elle n'était pas défendue par plus de dix ou douze hommes qui n'y restaient que parce qu'on voulait bien les y laisser. Ce détachement, fort d'environ 300 hommes, était arrivé sur la hauteur à trois heures après midi ; il reconnut en passant le fort de Saint-Irénée et ses ruines encore fumantes; il n'y avait personne ; il descendit ensuite par la rue des Fossés, qui va de la porte Saint-Irénée à celle de Trion. Dans ce trajet, il y eut quelques coups de fusil tirés de part et d'autre; un sergent major blessé grièvement, fut transporté chez le sieur Gagnières, pharmacien, rue des Machabées, où il expira avant la fin du jour. Les soldats. par représailles, fusillèrent un ouvrier ivre qu'ils trouvèrent en faction devant le cabaret du sieur Morelon, à l'embranchement du chemin de la Favorite et de Champvert. A la vue de la troupe, les insurgés abandonnèrent la barricade qui était à l'extrémité de la rue de Trion, à l'angle de la maison du sieur Gallin, aubergiste. Ils évacuèrent l'écurie, qui leur servait de corps de garde, et s'enfuirent à toutes jambes par le chemin qui conduit de Saint-Just à la Quarantaine. Ils étaient quinze armés de fusils; et dans leur empressement de rentrer chez eux et de se cacher, ils jetèrent dans un jardin qui est au bas de la montée de Choulan, leurs quinze fusils, qui y furent retrouvés le lendemain par la troupe de ligne. Ainsi, cette insurrection, contre laquelle on déployait un si grand appareil de forces depuis cinq jours, était dissipée comme d'un souffle dans une de ses positions les plus fortes, par le seul fait d'une simple démonstration et d'un commencement d'attaque.

Le détachement, arrivé à l'extrémité de la rue de Trion, et en face de la barricade que les insurgés avaient abandonnée à son approche, enfonça la porte du sieur Tignat et celle du sieur Forest, et se mit à gravir au pas de course le coteau escarpé au sommet duquel se trouve le plateau de Fourvières; il traversa le cimetière, le clos Billiet et celui de la Providence. Les soldats s'établirent aussitôt dans la maison de cette communauté, et tirèrent par les fenêtres sur les dix ou douze insurgés qui occupaient la terrasse de Fourvières. La place n'était pas tenable pour ceux-ci; ils n'essayèrent pas de résister, et s'échappèrent, laissant deux des leurs prisonniers : dans cet engagement, un sergent fut tué. Les soldats s'emparèrent de la pièce de canon et montèrent sur l'Observatoire et sur le clocher, d'où ils arrachèrent le drapeau rouge de l'insurrection, qu'ils remplacèrent par le drapeau tricolore.

A ce signal, le poste de l'Arsenal détacha une partie des hommes qui défendaient la tête du pont d'Ainay. Ils passèrent le pont, et s'arrêtèrent à la barrière Saint-Georges, où ils bivouaquèrent toute la nuit.

Le poste qui était au pied du Chemin-Neuf fit également un mouvement en avant, et ne rencontra sur sa route que deux barricades abandonnées. Les soldats saccagèrent en passant la boutique du sieur Rivoire, située près de la première de ces barricades, et presque en face de la maison Cussinet; de là ils arrivèrent en tâtonnant à la place des Minimes, et y firent halte, soit d'après des ordres supérieurs, soit par la crainte d'un feu de mousqueterie assez soutenu, mais peu nourri, qui partait de la rue des Farges : c'étaient trois jeunes garçons qui, embusqués près du parvis de l'église de Saint-Just, déchargeaient leurs armes l'un après l'autre sur la troupe, et couraient les recharger au poste de la barrière, où il restait encore dix hommes. Cette manœuvre dura jusqu'à la nuit; la ligne ne perdit qu'un des siens. A dix heures, un voisin entendit qu'on fermait le corps de garde, et vit partir cette misérable troupe, qui avait pu cependant arrêter si long-temps un bataillon tout entier.

Vingt hommes bien déterminés suffisaient pour cette expédition; l'autorité n'aurait pas dû l'ignorer; mais son but était-il de faire supposer que la révolte était formidable, afin d'inspirer plus de terreur aux habitans, et de se faire valoir aux yeux des distributeurs de faveurs et de récompenses?

A présent que la vérité est connue et que les charlatans ne peuvent pas en imposer, n'est-ce pas une honte que d'avoir compromis la bravoure de l'armée en envoyant trois à quatre cents hommes de troupe de ligne contre quarante ou cinquante malheureux?

Il y eut dans ce quartier, comme dans tous les autres, bon nombre d'innocentes victimes de la brutalité des soldats, les uns atteints dans leur domicile, les autres immolés dans les rues. Aussitôt que Fourvières fut occupé, tout rentra dans l'ordre de ce côté de la ville, l'insurrection ne tenait plus qu'à la Croix-Rousse et à Saint-Clair.

Le préfet fit afficher la proclamation suivante :

« HABITANS DE LYON !

« La sainte cause des lois, de l'ordre et de la vraie liberté, vient de triompher dans les murs de Lyon. Quelques restes de rébellion restent encore dans quelques quartiers, et seront soumis aujourd'hui. Cet heureux résultat a été acheté par un sang précieux : vous avez éprouvé de la gène et des souffrances, mais qui de vous s'en souvient encore en présence du grand résultat obtenu par la valeur, la constance et la discipline des troupes?

« Pour mettre, aussitôt que possible, un terme à l'état de contrainte que l'action militaire nécessitait, il est arrêté aujourd'hui que la circulation des piétons sera rétablie en ville, mais que l'on ne souffrira pas de stationnement sur la voie publique, ni de réunion de plus de cinq personnes, mais que le passage des ponts continuera à être interdit. Ces restrictions seront enlevées aussitôt qu'il sera possible sans compromettre les opérations militaires.

« *Le conseiller d'État, préfet du Rhône,*

« GASPARIN.

« Lyon, le 13 avril 1834. »

Cette journée fut moins funeste et moins meurtrière que celles qui l'avaient précédée, cependant il y avait eu encore bien des maux à déplorer.

Lorsque les soldats n'eurent plus à craindre le feu de Fourvières, ils se portèrent en foule de leur bivouac de la place Bellecour vers les démolitions du quartier du palais de justice, d'où ils enlevèrent toutes les planches et les poutres qu'ils trouvèrent pour se faire des abris contre le froid; la neige était tombée le matin par flocons : ils emportèrent tout le foin et le charbon qui étaient dans les bateaux devant le quai de l'Arsenal, ils firent litière du foin et gaspillèrent le charbon On remarquait un vaste foyer qui tenait toute la largeur du quai Villeroi, et qui jetait au loin une lueur pareille à celle d'un incendie. Les propriétaires réclamèrent auprès de l'autorité militaire; on les écouta à peine, et on ferma les yeux sur ces désordres qui causaient la ruine de plusieurs pères de famille : c'était, disait-on, le fruit de la guerre.

SIXIÈME JOURNÉE.

LUNDI 14 AVRIL.

On n'entendait plus que quelques coups de fusil de loin en loin; la nuit avait été tranquille, c'était la première depuis le commencement de la guerre civile; le 14 au matin, la confiance semblait renaître, et on voyait que la fin de tous nos maux approchait.

A 4 heures et demie, le bataillon qui avait passé la nuit sur la place des Minimes, se décida à faire un mouvement et pénétra dans la rue des Farges. Parvenu devant l'église de Saint-Just, le commandant demanda les clefs du clocher, dans lequel il laissa un détachement, afin, dit-il, de surveiller les mouvemens des rebelles, et de pouvoir les combattre avec succès. On avait beau dire qu'il n'y avait plus un seul homme armé dans tout le quartier, les soldats étaient incrédules, et ils s'obstinaient au contraire à se figurer des légions de combattans qui les attendaient à chaque coin de rue. Le bataillon poursuivit sa route en prenant toutes les précautions militaires dont on s'entoure en pays ennemi pour se prémunir contre les embuscades et les attaques imprévues. Tous ces soins étaient bien inutiles, ainsi qu'on l'a dit, la barricade et le corps de garde de la barrière Saint-Just avaient été évacués dans la nuit, et au grand étonnement de la troupe, elle ne trouva pas la trace d'un seul insurgé, ni sur ce point ni dans le reste du faubourg, à mesure qu'elle en prit possession.

Ce mouvement était combiné avec celui

du détachement qui la veille avait occupé la barrière de Saint-Georges, et s'y était établi. Ce détachement s'était mis en marche en même temps que l'autre ; il s'engagea dans la Quarantaine, dont il fouilla les maisons ; et après avoir visité, chemin faisant, les clos voisins pour s'assurer s'il n'y avait rien de suspect, il fit sa jonction à Saint-Just et à Saint-Irénée, avec le bataillon qui était parti de la place des Minimes. Le seul fait à consigner lorsque ce détachement occupa Saint-Irénée, c'est l'ordre donné par l'officier qui le commandait, et mis sur le champ à exécution, d'enfoncer à coups de haches les portes de l'église et de la sacristie. On chercha les insurgés dans tous les coins, on brisa les confessionnaux, on ne trouva personne, mais on eut encore le plaisir de détruire.

Après l'occupation complète des quartiers de Saint-Georges, Saint-Irénée, Saint-Just et Fourvières, le sieur R***. commissaire de police, procéda immédiatement, comme on l'avait fait ailleurs, à de nombreuses arrestations.

Pendant le temps que les insurgés occupèrent les hauteurs de ce côté de la ville, l'hospice de l'Antiquaille leur avait servi d'hôpital; on y avait déposé dix-neuf blessés, dont quinze combattans et quatre inoffensifs; la moitié de ces malheureux succomba malgré les soins qu'on leur prodiguait: les autres furent transportés plus tard à l'Hôtel-Dieu.

Une fille de 23 ans, regardant par la fenêtre à la montée Saint-Barthélemy, avait été atteinte d'une balle qui lui traversa la poitrine: elle ne survécut que deux jours: un enfant de onze ans eut la cuisse fracassée, et fut amputé; un vieillard eut le bras cassé dans sa chambre; les deux frères Bonhomme, l'un âgé de 20 ans, l'autre de 17, servaient en qualité de valets d'écurie dans l'auberge qui est au bas du Chemin-Neuf. Le mercredi matin 9, ils avaient conduit une charrette à Saint-Just avec les chevaux de renfort de l'auberge; à leur retour ils menèrent leurs chevaux à l'abreuvoir, qui est en face de la rue Bombarde. Un peloton de vingt soldats placés au carrefour de la rue Tramassac, de la rue du Bœuf, de la rue Bombarde et du Chemin-Neuf, fit sur eux une décharge à bout portant; l'ainé fut tué sur le coup; son cadavre, jeté dans l'écurie, y resta jusqu'au 12, et servit de pâture aux oies et aux canards; le jeune Bonhomme, blessé au bras, ne put être transporté que le soir à l'Antiquaille. Le chirurgien de l'hospice ayant remarqué que la gangrène envahissait la plaie, procéda à l'amputation, pendant laquelle le jeune homme succomba.

Nous avons dit déjà que les ouvriers n'avaient point souillé leur cause par le pillage; cependant le trésor de Fourvières a été enlevé, mais l'église n'a pas été occupée par eux seuls. Quels sont les coupables? On le saura plus tard, et peut-être on pourra le dire. L'autorité a représenté les insurgés comme des pillards et des brigands; elle a prétendu que, dans cette lutte inégale, c'était *la barbarie aux prises avec la civilisation*. Cependant, ces hommes étaient les mêmes qui, après leur victoire des journées de novembre, avaient fait preuve de tant de modération. Ils en voulaient, dit-on, cette fois, aux propriétés : cela peut-être; mais ils n'ont commis aucun excès dans les lieux où ils ont été les maîtres; et peut-on en dire autant de leurs adversaires?

On croyait tout fini; cependant la Croix-Rousse ne s'était pas soumise. L'insurrection fit un dernier effort sur un seul point, dans le quartier des Gloriettes. Les journées précédentes, on n'avait pas cessé de tirailler, mais la journée du 14 devait être plus meurtrière.

Le poste dominant le quai Saint-Clair avait attiré l'attention de la troupe. La lutte était à peu près terminée partout, et ce quartier tenait encore obstinément sans qu'on lui eût enlevé une seule de ses positions. L'autorité militaire voulant en finir par tous les moyens en son pouvoir, ordonna l'emploi de l'artillerie. Une pièce en batterie sur le pont Morand parvint à débusquer les combattans de derrière un mur qui leur servait d'abri. Vers deux heures, des voltigeurs gagnèrent le haut de la colline, et pénétrant dans la maison occupée par les insurgés, les chassèrent devant eux jusque dans la rue des Gloriettes. La maison fut saccagée de la cave au grenier; ils n'y laissèrent rien d'intact. Un homme qu'ils trouvèrent caché dans un bucher fut fusillé sur la place. Arrivés dans la rue des Gloriettes, les soldats entrèrent dans les maisons pour tirer des fenêtres sur les insurgés, qui avaient élevé à la hâte une barricade au bout de la rue et s'étaient répandus dans la propriété de M. D***. Les insurgés perdirent là trois hommes tués et six blessés; du côté des soldats, un sergent fut tué et deux voltigeurs blessés. Cinq ou six habitans paisibles et renfermés chez eux furent victimes de l'emportement de la troupe. Un pauvre vieillard de 70 ans, père d'une nombreuse famille, Antoine Debou, ouvrier en soie, rue des Gloriettes, n°s 16 et 18, hésitant à ouvrir sa porte aux soldats, ou ne se pressant pas assez à leur gré, fut tué d'un coup de fusil tiré dans la serrure. Plusieurs ouvriers inoffensifs, deux femmes et un enfant ont été blessés ou maltraités. Le nommé *Rey*, aussi ouvrier en soie, fut blessé grièvement : la montre de sa femme fut volée, ainsi qu'une somme de 21 francs et quelques centimes; la montre fut restituée plus tard, mais non l'argent. Le nommé *Antoine Henry* fut atteint d'un coup de feu qui l'a estropié pour la vie; sa femme, enceinte de cinq mois, fut frappée d'un coup de baïonnette dans le flanc; la femme Ratigny fut rouée de coups.

Après cette expédition, les voltigeurs sonnèrent la retraite et se retirèrent par le chemin de la Boucle; les insurgés reprirent possession de leur poste, et cette échauffourée n'eut d'autre résultat que du sang innocent répandu et des maisons pillées.

Bientôt le feu diminua; les insurgés se voyant sans ressources, jetèrent leurs armes et désertèrent presque tous : cependant ce ne fut que le 15 que le feu cessa totalement à la Croix-Rousse; et quoique évidemment l'affaire eût pu être terminée plus tôt, on doit rendre grâces au général Fleury, dont la sage temporisation a sauvé cette commune d'une ruine inévitable. Il ne tenait qu'à lui, en se conformant rigoureusement à ses instructions, de brûler la Croix-Rousse. Il comprit que la résistance étant vaincue partout ailleurs, le découragement ne tarderait pas à se mettre parmi les ouvriers qui, sur ce point, tenaient encore.

Ce qu'il avait prévu arriva. Les ouvriers de la Croix-Rousse, convaincus qu'il ne leur restait plus aucune chance de succès, se dispersèrent, et la troupe n'eut plus affaire qu'à un petit nombre de désespérés.

Enfin le sang ne coulait plus; la circulation devint entièrement libre; et la foule, stupéfaite, consternée, commença à se répandre dans les rues. Toutes les physionomies étaient tristes et abattues; chacun regardait avec horreur les résultats de la guerre civile. La place Bellecour était toujours encombrée de troupes. Outre les régimens de la garnison, il était arrivé un renfort de trois batteries, deux escadrons du 8e dragons, les 15e, 21e, 30e, 60e de ligne et le 16e léger, en tout dix régimens d'infanterie, huit escadrons de dragons, cinquante-quatre pièces de campagne et six pièces de siége, sans compter le matériel des forts. Il a fallu toutes ces forces réunies pour triompher, après six jours de combats, d'une poignée d'hommes mal armés, sans chefs, isolés, manquant de tout, sans centre d'opération ni plans arrêtés.

M. l'adjoint faisant les fonctions de maire était resté huit jours sans donner signe de vie à ses administrés : il voulut réparer le temps perdu. En conséquence, il fit placarder par toute la ville les deux affiches suivantes :

MAIRIE DE LA VILLE DE LYON.

« Mes chers concitoyens,

« Après les déplorables évènemens dont nous venons d'être les témoins et les victimes, votre premier magistrat éprouve le besoin de vous faire partager les sentimens de gratitude qui l'animent pour la brave garnison dont l'héroïsme a sauvé notre cité de sa ruine, et préservé la France de la plus grande anarchie.

« Vous l'avez vu, mes chers concitoyens, les hommes qui, depuis long-temps, rêvaient le renversement du gouvernement de juillet, n'ont pas reculé devant la conséquence de leurs criminels projets. Préparant la guerre civile, ils s'appliquaient à égarer par de fausses théories une population jusqu'alors paisible et laborieuse, et ils ont préludé à cette guerre civile par la suspension forcée du travail, par les menaces et par la violation du sanctuaire de la justice. Pourquoi, jusqu'à ce jour, nos efforts n'ont-ils pu conjurer l'orage? C'est que la voix de l'autorité, ordinairement si bien comprise des

Lyonnais, a été étouffée par les passions politiques.

« Vaincus au sein de la capitale dans les évènemens de juin, c'est Lyon que les factieux de toutes les provinces ont pris pour point de ralliement. Ici, comme à Paris, leurs criminelles tentatives ont échoué. Le triomphe des amis des lois et de l'ordre social n'a pas été un seul instant douteux; *et la lutte eût été courte, si le besoin de ménager le sang de nos défenseurs n'eût nécessité l'emploi de l'artillerie.*

« C'est pour la seconde fois que notre malheureuse cité est devenue le théâtre de sanglantes collisions, et la douloureuse expérience que nous venons de faire sera à l'avenir un grand enseignement pour nous et pour la France entière.

« Que la population se rassure; que chacun reprenne le cours de ses travaux habituels : nous comptons sur le bon esprit de nos concitoyens pour hâter le retour de la paix et de l'ordre.

« Fait à l'Hôtel-de-Ville, Lyon, le 15 avril 1834.

« *Le maire de Lyon.*

« VACHON-IMBERT, adjoint. »

On voit que, dans tout cela, on ne s'est occupé que *de ménager le sang de nos défenseurs,* sans se soucier du tout de celui des citoyens, et c'est le maire de Lyon qui a tenu un pareil langage à ses administrés!...

MAIRIE DE LA VILLE DE LYON.

« MES CHERS CONCITOYENS,

« Profondément affligé des malheurs qui ont déchiré la cité, c'est pour moi un nouveau besoin de vous apporter des paroles de paix. J'espère que ma voix sera entendue par la population tout entière.

« Les malheureux que de perfides conseils ont si cruellement égarés, pourraient-ils aujourd'hui ne pas ouvrir les yeux à la lumière? pourraient-ils ne pas voir par quelle voie les fauteurs de l'anarchie voulaient nous ramener à ces temps de calamités qui ont pesé, il y a quarante ans, sur notre belle patrie? Mais, il faut le dire pour la justification de la cité lyonnaise, il faut le dire pour rendre hommage à la vérité, la masse de la population ouvrière est restée étrangère aux criminels efforts qui ont été faits pour renverser la monarchie constitutionnelle, et substituer au régime des lois l'emploi de la force aveugle et brutale. Pour une œuvre si criminelle, les hommes qui, depuis long temps, méditaient notre ruine, et qui, pour la plupart, sont étrangers à la ville de Lyon, et même au sol de la France, ne pouvaient, malgré leurs hypocrites doléances, trouver des sympathies au milieu d'une population qui vit par le travail, et qui sait que le travail est inséparable de l'ordre. Ils sont bien coupables ceux qui n'ont pas craint d'attirer sur nous la guerre civile et les désastres qui la suivent! Abandonnons ces hommes à leurs remords et à la sagesse des lois.

« Lyonnais! nos malheurs sont bien grands, mais que la paix et l'union renaissent au milieu de nous, et le temps les aura bientôt réparés. C'est un terrible enseignement que celui qui doit ressortir pour tous de nos tristes journées. Les chefs d'atelier, les ouvriers de toutes les professions repousseront désormais avec horreur toutes ces idées politiques anti-sociales qui traînent après elles la misère et le désespoir, bouleversent toutes les existences, et ont failli amener la destruction de la cité la plus industrieuse de la France!

« Lyon a souffert pour la cause de la civilisation, c'est l'ordre social tout entier qui a été attaqué au milieu de nous. L'anarchie a été vaincue, et un gouvernement juste et réparateur ne peut manquer de reconnaître que la France est solidaire des dommages éprouvés par les Lyonnais dans l'intérêt de tous.

« Que la confiance renaisse; que les habitans se rassurent; que chaque citoyen reprenne ses travaux habituels. Les négocians, nous en sommes certains, redoubleront de zèle et de soins, dans ces malheureuses circonstances, pour donner une activité nouvelle à leurs opérations commerciales, et procurer ainsi du travail à ceux qui peuvent en manquer. Nous espérons enfin que chacun de nos concitoyens unira ses efforts aux nôtres pour adoucir, autant qu'il sera en son pouvoir, des maux qu'il n'a pas dépendu de nous de prévenir.

« Fait à l'Hôtel-de-Ville, Lyon, le 16 avril 1834.

« *Le maire de Lyon.*

« VACHON-IMBERT, adjoint. »

En regardant ces désastres que l'armée avait causés à Lyon, on eût sujet de s'étonner *du besoin qu'éprouva notre premier magistrat de nous faire partager les sentimens de gratitude qui l'animaient pour la brave garnison dont l'héroïsme venait de sauver notre cité de sa ruine*... Singulière manière en effet *de sauver une cité de sa ruine*, que de la couvrir de ruines et de décombres!

Lorsqu'on eut parcouru les différens quartiers de la ville, ce fut dans tous les cœurs généreux un sentiment unanime d'exécration. Lyon offrait un aspect hideux; on aurait dit une ville prise d'assaut, et venant de subir toutes les horreurs qui en sont la suite; des maisons incendiées, d'autres battues en brèche et percées à jour par le canon, d'autres à demi écroulées par les pétards, toutes les vitres brisées, les murs sillonnés par les balles, les réverbères cassés, des barricades à toutes les rues, des traces ensanglantées, un morne silence qui succédait aux détonations des armes à feu et au fracas des canons et des caissons roulant sur le pavé; c'était l'image de la désolation. Un écrivain d'une feuille orléaniste a osé écrire *que la joie régnait sur toutes les figures!*

Comment le peuple pouvait-il être joyeux après avoir été fusillé, mitraillé, incendié pendant six longues journées? Si quelques figures étaient rayonnantes et insultaient à la douleur publique, c'étaient celles des séides du pouvoir, mais elles étaient perdues dans la foule, et le mépris universel en faisait justice. Tous les hommes amis de leur pays gémissaient des désastres qui avaient accablé la ville natale.

Outre l'aspect de la dévastation et le souvenir d'une catastrophe récente, ce qui remplissait l'âme d'une affreuse tristesse, était la vue des malheureux que l'on transportait à chaque instant à l'Hôtel-Dieu, et par-dessus tout, les tombereaux à peine recouverts d'un drap noir, dans lesquels on avait entassé les cadavres. On voyait avec un sentiment d'horreur ces formes privées de la vie se mouvoir sous le linceul à chaque tour de roue des tombereaux : c'était un horrible spectacle.

Il a été impossible de s'assurer du chiffre exact des morts et des blessés; on ne peut le poser qu'approximativement, et il ne sera jamais connu peut-être, surtout celui des insurgés, dont un certain nombre a évité de se faire connaître, et n'a pas voulu être porté aux hôpitaux, dans la crainte de tomber entre les mains de la justice. Tout le monde sait qu'il y a eu beaucoup de malheureux massacrés dans les rues ou dans leurs domiciles, mais le chiffre n'en est pas non plus connu : il dépasse celui des insurgés qui ont péri pendant ou après le combat.

On n'a pu savoir que le nombre de ceux qui ont été transportés aux hôpitaux. Celui des blessés, tant insurgés que victimes, admis à l'Hôtel-Dieu, a été de 129; celui des morts de 90; 47 ont été inhumés dans le cimetière de Vaise, 9 dans le quartier Saint-Georges, sur la place, au pied de la croix (sur ces 9 il y avait un insurgé et huit individus tués dans leurs maisons), et 5 sur la place des Cordeliers : il faudrait ajouter ceux de la Croix-Rousse, de Saint-Just, de la Guillotière, et ceux dont les flots du Rhône ont entraîné les cadavres.

Avant de penser à apporter quelque soulagement à tant de maux, on songea à remercier les soldats par un acte authentique, et le conseil municipal vota à l'unanimité l'adresse suivante à la garnison :

« SOLDATS !

« La ville de Lyon, la France, la civilisation toute entière ont couru un immense danger que votre valeur a su repousser. Après une lutte prolongée, après les efforts si constans d'un courage dont chacun de ses membres a été témoin, le conseil municipal de cette grande et malheureuse cité éprouvait le besoin de vous payer le juste tribut de son admiration et de sa reconnaissance.

« Vous avez vaincu l'anarchie, vous avez repoussé loin du sol de la France les principes anti-sociaux qui déjà l'avaient envahie, mais qui ne sauraient jamais y pousser de profondes racines. Appuyée sur la monarchie constitutionnelle qu'elle-même a fondée, la liberté ne pourrait périr en France que par ses propres excès. C'est à ces excès que vous avez déclaré la guerre, c'est sur eux que vous avez remporté la plus glorieuse victoire, et vous avez aussi bien mérité de la liberté, de la France, et *en particulier de la ville de Lyon* (1).

« *Pour le maire de la ville de Lyon*,

« *Signé* VACHON-IMBERT. »

(1) C'est-à-dire de Louis-Philippe et de ses agens.

Le lieutenant général Aymar, pour ne pas être en reste avec les municipaux, qui venaient de *payèr le tribut de leur reconnaissance et de leur admiration* à des troupes qui avaient si bien traité la ville dont ils étaient les protecteurs naturels, fit cette réponse au nom de la garnison :

Lyon, 21 avril 1834.

LE LIEUTENANT-GÉNÉRAL COMMANDANT LA 7e DIVISION MILITAIRE,

Au maire et aux membres du conseil municipal de la ville de Lyon.

« MESSIEURS,

« Je me suis empressé de porter à la connaissance des troupes l'adresse de félicitations que vous avez bien voulu leur voter à l'occasion des graves désordres qui viennent d'ensanglanter la grande et malheureuse cité dont l'administration est confiée à vos soins.

« Organe des militaires de tous grades de la garnison de Lyon, je vous prie d'être bien convaincus de tout le prix qu'ils attachent à votre suffrage. Croyez, messieurs, que les défenseurs de la patrie sauront toujours la préserver de l'anarchie, le plus cruel de tous les fléaux. Comptez toujours sur le courage et le dévouement dont ils viennent de donner de si éclatans témoignages.

« Faire fleurir la vraie liberté, assurer la prospérité du commerce, mériter l'estime des gens de bien, et combattre au-dedans comme au-dehors les ennemis de la monarchie constitutionnelle, tel est et sera le but constant de leurs efforts.

« Dites bien aux estimables habitans de Lyon qu'ils jouiront désormais de la sécurité si nécessaire à la capitale du commerce, et qui a été si chèrement achetée.

« Que les paisibles citoyens se rassurent, que les perturbateurs du repos public renoncent à leurs coupables desseins, et que tous les bons Français applaudissent comme vous à la conduite patiente et courageuse des troupes chargées de veiller sur vos personnes et sur vos propriétés.

« Des malheurs inévitables laisseront pendant quelque temps encore des traces de dévastation dans certains quartiers où les insurgés s'étaient retranchés; mais la sécurité dont votre belle et industrieuse cité était privée depuis plusieurs années vient enfin de lui être rendue, et vos plaies seront cicatrisées.

« Agréez, messieurs, l'assurance de ma haute considération.

« *Le lieutenant-général*

« AYMAR. »

Ce ne fut de toutes parts que félicitations et congratulations; tous avaient bien mérité de la patrie, ils se louaient et s'applaudissaient les uns les autres, le peuple seul gardait un silence qui donnait un démenti solennel à tous ces discours mensongers, à toutes ces harangues laudatives.

Pendant que le conseil municipal était en train de *témoigner sa reconnaissance* à tout le monde, il ne pouvait oublier le préfet, M. de Gasparin; en conséquence la lettre suivante lui fut adressée :

Lyon, 16 avril 1834.

« MONSIEUR LE PRÉFET,

« Je remplis avec le plus vif empressement la mission dont m'a chargé le conseil municipal.

« Il vient de s'assembler, et son premier sentiment a été celui de la reconnaissance envers ceux qui ont sauvé notre malheureuse ville des horreurs de l'anarchie.

« Vous, monsieur le préfet, avez été un de ceux qui ont inspiré ce sentiment le plus profondément, et j'ai été chargé de vous exprimer combien mes concitoyens ont éprouvé d'admiration pour votre courage et votre dévouement.

« Vous serez compté désormais parmi les Lyonnais au nombre de leurs *bienfaiteurs*, puisqu'ils vous doivent le raffermissement de leur existence sociale et que vous avez contribué si puissamment à les délivrer des maux incalculables qui les menaçaient.

« Agréez, etc.

« *Le maire de Lyon.*

« VACHON-IMBERT, adjoint. »

M. le préfet écrivit de son côté au sous-préfet de Villefranche, ancien secrétaire du comité polonais; c'était à qui mieux mieux; les fonctionnaires publics s'envoyaient les uns aux autres un feu roulant de complimens; tous *avaient sauvé la patrie*, tous *avaient abattu à jamais l'hydre de l'anarchie;* de tous côtés on prononçait l'oraison funèbre des *partis écrasés*, des *factions étouffées*. Voici la lettre du préfet à son subordonné :

« MONSIEUR,

« La belle conduite que vous avez tenue pendant les derniers évènemens de Lyon, a été mise par moi sous les yeux de M. le ministre de l'intérieur. Vous avez justifié l'attente que nous avions sur votre capacité et votre dévoûment.

« M. le maire de Villefranche et le commandant de la garde nationale méritent également des éloges par leur active coopération au maintien de l'ordre public, et je vous prie de les en féliciter de ma part ; le gouvernement appréciera sans doute comme moi le zèle dont ils ont fait preuve dans cette ocasion.

« Veuillez bien faire part de la satisfaction que m'a fait éprouver leur bonne conduite, à MM. les maires et aux gardes nationales des communes d'Arnas, Cogny, Denicé, Lacenas, Beligny, Gleize, Limas, Ouilly,

Salles, Montmelas, Vaux, Pouilly, Lierguos, Belleville, Saint-Etienne, Lavarenne, Saint-Lager, Odenas, Saint-Georges, Sainte-Paule, Ville-sur-Jarnioux, Pomeys, Morancé, Marey-la-Chassagne, Blacé, Saint-Julien, Rivolet et Charentay. Toutes ont rivalisé de zèle pour la défense de l'ordre public, et elles ont droit à la reconnaissance des bons Français.

« Par leur bonne conduite et leur calme, Tarare, Thizy et Beaujeu ont rempli tout ce que nous attendions du bon esprit de ses populations et de celui des dignes magistrats qui les dirigent.

« Dans les momens d'incertitude, où l'isolement et le défaut de nouvelles tendent à grossir le danger, on reconnaît les âmes bien trempées; elles ne connaissent que la voix du devoir, n'attendent pas pour se prononcer que la fortune ait décidé, mais elles arborent et défendent leur drapeau, quoi qu'il puisse arriver.

« Ces circonstances difficiles servent surtout à faire la part de chacun : les amis, les ennemis, les indifférens se montrent à découvert. Profitez, monsieur, de cette expérience pour honorer le courage et flétrir la lâcheté. Après l'éloge de ceux qui ont bien fait, doit venir le blâme de ceux qui se sont mal conduits. J'attends un rapport spécial sur les gardes nationales et les fonctionnaires qui auraient faibli dans cette importante conjoncture.

« Agréez, etc.

« *Le conseiller d'Etat, préfet du Rhône*,

« GASPARIN »

Bientôt arrivèrent les *récompenses de l'orléanisme*, et on lut dans *le Moniteur :*

« Par ordonnance royale du 19 avril, M. Gas-
« parin, préfet du Rhône, est élevé à la
« dignité de pair de France.

« M. Chégaray, procureur du roi à Lyon,
« chevalier de l'ordre de la Légion-d'Hon-
« neur, est nommé officier dudit ordre. »

On lut encore dans la partie non officielle du *Moniteur :*

« Le roi a élevé à la pairie M. Gasparin,
« préfet du Rhône. Le roi regrette que la
« durée du grade de M. le lieutenant-général
« Aymar n'ait pas permis de l'élever immé-
« diatement à la pairie. M. le lieutenant-
« général Aymar remplira les conditions

« exigées par la loi au mois de septembre « prochain. »

— « Par ordonnance du roi, sur le rapport « de M. le maréchal ministre de la guerre, « M. le lieutenant-général Aymar a été « promu au grade de grand'croix de l'ordre « royal de la Légion- d'Honneur. »

— « Par ordonnance du roi, sur le rapport « de M. le ministre de l'intérieur, M. Gaspa- « rin, préfet du Rhône, a été nommé com- « mandeur de l'ordre royal de la Légion- « d'Honneur »

Des boisseaux de décorations furent distribués aux troupes, aux fonctionnaires civils, aux membres les plus fougueux du parquet, aux commissaires de police et à leurs alguasils; les faveurs furent chercher le mérite et le dévouement jusque dans les hameaux les plus obscurs de la banlieue.

On choisit le jour de la Saint-Philippe pour décerner à la garnison les récompenses qu'elle avait si bien méritées. Il y eut une revue des troupes sur la place Bellecour, après la messe solennelle commandée par M. Persil; ce fut la seule démonstration extraordinaire de cette journée; l'attitude de la population fut sombre et sévère, elle attestait qu'elle ne prenait nulle part à ce qui se passait.

Pendant ce temps-là, *le Courrier de Lyon* ouvrait dans ses colonnes une souscription en faveur des soldats blessés. On ne pouvait pas pousser plus loin le mépris des convenances et l'oubli de tout sentiment d'humanité. Les listes furent colportées à domicile; et en peu de jours, grâce à ces manœuvres, la souscription s'éleva à plus de 150,000 francs. On n'avait jamais fait une insulte plus grave à la misère du peuple; mais de quoi n'est pas capable le fanatisme de la haine joint à celui de la peur? Cette souscription, remplie avec tant d'empressement, souleva la conscience publique; les honnêtes gens la flétrirent de leur mépris et de leur indignation. Le plus urgent n'était-il pas de venir au secours des veuves et des orphelins, de subvenir aux premiers besoins des malheureux que les pétards et les obus avaient violemment expulsés de leurs domiciles brûlés ou saccagés? mais la faction orléaniste aima mieux faire des largesses aux auteurs de tous ces désastres : on n'avait jamais vu pareil délire.

Cependant les hommes dans le cœur des

quels l'opinion se tait en face du malheur, essayèrent de secourir leurs concitoyens délaissés, et une souscription fut ouverte dans les bureaux du *Réparateur*, au profit des victimes innocentes des déplorables journées d'avril. Les sommes qui en provinrent furent versées en raison du nombre des nécessiteux de chaque paroisse, entre les mains de MM. les curés, qui les distribuèrent avec le discernement et l'esprit de charité qui les animent toujours. En d'autres temps on aurait vu le *roi de France* et les princes de sa famille en tête de cette souscription.

On se souvient de la conduite du détachement du 7e léger, lorsque le samedi qui précéda l'insurrection, il fut envoyé dans la cour du tribunal pour protéger le jugement des mutuellistes : le capitaine qui commandait ce détachement fut traduit pour la forme devant un conseil de guerre, qui l'acquitta à *l'unanimité*. Voici en quels termes *le Courrier de Lyon* rend compte de cette affaire :

CONSEIL DE GUERRE DE LA 7e DIVISION.

« M. Paquette, capitaine au 7e léger, qui

commandait le détachement requis pour faire évacuer la cour du palais de Justice, le samedi, 5 de ce mois, a comparu hier devant le 1er conseil de guerre, sous la prévention de trois faits qualifiés délits par les lois militaires. On l'accusait : 1° D'avoir, sur l'ordre des factieux, fait remettre la baïonnette dans le fourreau, et d'avoir laissé s'établir des relations de confraternité entre les soldats et les hommes qui venaient de se déshonorer par des actes d'ignoble violence; 2° de n'avoir pas porté secours au brigadier de gendarmerie Collonel, maltraité sous les yeux de la troupe; 3° d'avoir abandonné son poste sans ordre. Nous nous empressons d'annoncer que les débats ont fait complètement évanouir l'accusation, et qu'il est resté démontré que M. Paquette n'avait point mérité les reproches de faiblesse qu'on s'était cru en droit de lui adresser. On comprend qu'au milieu de la confusion qui régnait sur le théâtre des scènes déplorables dont les vrais amis du peuple ont eu ce jour-là à gémir, quelques faits aient pu être d'abord mal appréciés et mal expliqués. Nous sommes heureux de donner de la publicité à un jugement qui rétablit l'honneur d'un officier dont les bons services sont attestés par une double décoration, et qui a gagné la plupart de ses grades sur le champ de bataille. M. Paquette *a été acquitté à l'unanimité*. Il a été défendu par l'un de nos plus honorables avocats, Me Seriziat, dont la tâche, du reste, a été facile, car M. le capitaine-rapporteur a déclaré que son impartialité lui faisait un devoir d'abandonner l'accusation. »

Ce fait n'a pas besoin de commentaires, il suffirait à lui seul pour prouver ce que nous avons dit de la comédie qui fut jouée ce jour-là.

Quelques jours après, les mutuellistes furent jugés. C'étaient les mêmes dont le procès avait été le prétexte des évènemens déplorables dont nous avons fait le récit.

« M. Michel-Ange Périer, dit un journal, a présenté la défense du prévenu Bonnard-Derville; il devait défendre aussi le prévenu Pipier. M. Périer, au lieu de deux cliens, n'en avait plus qu'un, l'autre a péri dans les derniers évènemens, d'une façon horrible. La maison qu'il habitait à Vaise, est une de celles qui ont été incendiées: il a été brûlé vif avec sa famille (1) Son acte mortuaire apporté à

(1) Ceci est une erreur. Ce ne fut pas le nommé *Pipier*

l'audience n'a laissé aucun doute à cet égard.

« Le tribunal, après une délibération d'un quart-d'heure, prononce l'acquittement de Souvras, Rostain et Martin, tous trois ferrandiniers (1).

« Girard, Poulard, Laporte, Œillet, Meunier et Berthelier, tous six membres du conseil exécutif, sont condamnés à trente-cinq jours de prison.

« Maguin Allington à quarante jours, et Bonnard-Derville à un mois. »

L'autorité avait fait un grand déploiement de forces : une compagnie de dragons stationnait sur la place Saint-Jean ; d'autres troupes étaient placées sur d'autres points. Les grilles de l'Hôtel-de-Ville étaient fermées ; toutefois, malgré l'appareil de ces préparatifs, l'auditoire était très peu nombreux ; il y avait à peine quelques membres du barreau, parce qu'on avait pris le soin de laisser ignorer le jour de l'appel de cette cause.

Une ordonnance licencia et désarma la

qui fut brûlé : il fut massacré avec son frère, ainsi que nous l'avons dit.

(1) On appelle *ferrandiniers* les simples ouvriers ou compagnons.

garde nationale de Lyon, qui n'avait pas été réorganisée depuis 1831.

Une autre ordonnance portait devant la Chambre des Pairs rassemblée en Cour de justice, la connaissance des faits relatifs à l'insurrection; elle nommait le sieur *Martin* (du nord), membre de la Chambre des députés et procureur-général près la Cour royale de Paris, pour remplir les mêmes fonctions près la Cour des Pairs; le sieur *Chégaray*, procureur du roi près le tribunal de première instance de Lyon, était désigné pour faire l'office d'avocat-général, assisté du sieur *Franck-Carré*, substitut du procureur-général près la Cour royale de Paris.

MM. Achard-James, président, Devienne, Martin, Populus, Verne-Bachelard et d'Angeville, conseillers à la Cour royale de Lyon, furent délégués pour faire l'instruction du procès et interroger les détenus.

Tous les jours les prisons s'emplissaient. Déjà M. l'abbé Peyard, vicaire de Saint-Bonaventure, et M. de Saint-Romain, jeune légitimiste, avaient été arrêtés et conduits à la prison de Perrache; les visites domiciliaires se succédèrent et la terreur des persécutions prit la place de celle de la guerre civile.

Aussitôt que le calme fut revenu, une députation fut envoyée à Paris pour demander au gouvernement une indemnité aux pertes que la ville de Lyon venait d'éprouver. Cette députation se composait de MM. Chinard, Faure-Péclet et Terme

Les députés présentèrent leurs réclamations, et publièrent une note à l'appui (1). L'accueil que leur fit le ministre Thiers ne fut pas d'un bon augure, et ils quittèrent Paris fort mécontens et sans espoir de succès. M. Chinard cependant en rapporta la croix d'honneur.

Le ministre proposa à la Chambre une indemnité de 1,200,000 fr. Le rapporteur de la commission chargée d'examiner cette proposition, l'appuya dans son rapport, tout en la réduisant de 200,000 fr (2). Les pertes s'élevaient à plus de cinq millions: en conséquence, le million que l'on consentait à donner était moins une indemnité qu'une aumône; lorsqu'on discuta la proposition, la Chambre qui venait de voter un budget d'un milliard et demi refusa tout net; les députés qui parlèrent contre l'indemnité ajoutèrent l'injure au refus; il n'y eut pas

(1) *Voyez* aux Pièces justificatives, n° IX.

(2) *Idem*, n° X.

jusqu'à M. Ganneron, le fabricant de chandelles, qui accusa les Lyonnais de lâcheté, et qui tout en votant contre le million proposé pour la ville de Lyon, demanda 800,000 fr. pour indemniser des derniers troubles de Paris. Pendant ce honteux débat, pas un député de Lyon n'éleva la voix pour défendre les intérêts et l'honneur de ses concitoyens; ils sanctionnèrent par leur coupable silence les fausses et insolentes imputations de quelques *improstitués*, qui ne cessaient d'êtres ventrus un instant, et ne se mettaient en opposition avec le ministre que pour cette occasion seulement, sachant bien qu'ils ne risquaient rien en lui refusant leur vote pour une somme qu'il ne se souciait pas de donner. Ce fut une ignoble comédie, mais la France n'en fut pas dupe. Les députés de Lyon manquèrent à leur mandat, et ils ont dignement terminé leur carrière parlementaire; cependant nous les avons revus, ils sont venus mendier nos suffrages; au lieu de les repousser, de les exclure à jamais, leurs noms sont sortis de nouveau de l'urne électorale; cette fois encore, l'intrigue a prévalu sur la conscience publique, grâce à la loi du monopole électoral.

Le refus de l'indemnité mit le comble à l'exaspération et à l'irritation des esprits. En effet, il était aussi impolitique qu'injuste et inhumain ; il n'y eut qu'une clameur contre le ton insultant des *compères* de M. Thiers ; les partisans même du gouvernement crièrent au scandale et à l'iniquité, car un grand nombre d'entre eux avait éprouvé des pertes considérables, et l'on sait qu'il est beaucoup de gens qui ne sont amis que jusqu'à la bourse. *Le Courrier de Lyon,* qui avait exalté la conduite des troupes, et qui, dans son optimisme, avait trouvé tout pour le mieux, changea soudain de langage, et se mit en fureur contre la Chambre. Voici comment il prit la liberté de s'exprimer à ce sujet, dans son numéro du 28 mai :

« Si la résolution prise par la Chambre « le 16 mai n'atteignait que ceux qui, quelles « que soient leurs pertes, ont conservé des « moyens d'existence qui leur permettent « d'attendre des tribunaux la justice qui leur « a été refusée, cette résolution serait en- « core un bien funeste évènement ; mais quel « nom lui donner, quand on songe à la si- « tuation affreuse dans laquelle se trouvent « une foule de malheureux, sans pain, sans

« vêtemens, sans asile. On ne sait pas assez « généralement que les maisons incendiées « étaient spécialement occupées par de pau- « vres ménages. Ces malheureux qui, pour « fuir, étaient obligés de lutter non seulement « contre les flammes, mais encore contre les « balles et l'artillerie, avaient à peine le temps « d'entraîner leurs femmes et leurs enfans, « sans pouvoir disputer au feu une chemise, « un seul vêtement. On nomme plusieurs « pères de famille qui ont payé de leur vie « le désir de soustraire l'argent ou les objets « précieux qu'ils pouvaient posséder. Si l'on « veut se faire une idée des angoisses et des « situations dues à ce drame de sang et de « feu, qu'on interroge, par exemple, les lo- « cataires de la maison Charbonnier, qui « *contenait vingt huit ménages, ce qui représente* « *probablement* 140 *ou* 150 *personnes, hommes,* « *femmes ou enfans. Ils diront que pendant que* « *leur maison brûlait, l'artillerie foudroyait ses* « *murs et empêchait la sortie, en balayant la* « *rue; que pour fuir ils ont dû percer neuf gros* « *murs; que le premier de ces murs a été percé* « *avec ce qu'ils nomment un* grappin de poêle « (*un morceau de fer de deux à trois lignes de* « *diamètre*); *qu'on se represente le spectacle*

« *horrible que devait offrir cette maison de feu,* « *pendant les longs instans employés à prati-* « *quer le trou qui devait servir à la délivrance de* « *ceux qu'elle renfermait.* Croirait-on que l'in- « cendie, tant il paraissait jaloux d'accom- « plir sa funeste mission, est allé chercher « sa proie jusque dans le puits de la maison « Vernay, et a dévoré là les effets que les « locataires y avaient précipités. Voyez la « rue Raisin, la rue de l'Hôpital, la rue Noire ; « là se trouvait, entre autres locataires, un « marchand corroyeur arrivé, par un travail « de toute sa vie, à une honnête aisance ; il a « tout perdu, tout : marchandises, effets, « linge, mobilier; chef de commerce depuis « vingt ans peut-être, il vient d'entrer, en « qualité d'ouvrier à la journée, chez un de « ses anciens confrères ! Cela se comprend : « il a cinq enfans, dont un encore à la ma- « melle ! Je l'ai vu : des larmes roulaient sous « sa paupière, en vain refoulées par ce sen- « timent de digne fierté qui abandonne rare- « ment l'homme en proie à un malheur im- « mérité.

« Quelques premiers secours ont bien été « distribués à ces malheureux sur les fonds « de la souscription pour les victimes inno-

« centes; mais si cette souscription, qui n'a « pas encore atteint le chiffre de 30,000 fr., « a pu adoucir quelques maux, elle est im- « puissante à les réparer. Les incendiés ne « sont pas les seuls qu'elle ait à soulager; « elle a dû venir au secours des veuves et des « orphelins que cette lutte impie a faits, et « dont la position est d'autant plus affreuse « qu'ils n'ont rien à attendre de la loi.

« Tant de plaies appellent un prompt re- « mède; le ministre l'a bien senti; et s'il a eu « le tort de mal poser la question, il n'en est « pas moins vrai qu'il a fait tout ce qu'il a « pu pour venir, n'importe à quel titre, au « secours des malheureuses victimes dont il « n'a cessé de parler en termes convenables. « Les injures ne sont pas sorties de sa bou- « che, le vote de la Chambre n'est pas de « son fait. Pauvre Chambre! qui parle de « courage, et n'ose pas dire tout haut ce « qu'elle dit tout bas! qui vote pour quand « on la regarde en face, contre lorsqu'elle a « pu se cacher derrière l'urne du scrutin! « dont la bouche dit oui et dont la main dit « non! qui a peur de son ombre, et qui ne « veut pas qu'on ait peur des balles, des « bombes et des boulets! »

Pour bien comprendre la portée de cet article, il faut se souvenir que *le Courrier de Lyon* est un des organes les plus violens et les plus serviles que la faction orléaniste ait en province. D'abord il s'était montré le défenseur officieux de tous les excès commis à Lyon : à l'entendre, on n'en avait pas assez fait; et puis tout à coup voilà que, devant une question d'argent, il se met à chanter la palinodie. Ce qu'il appelait d'abord le combat de *la barbarie contre la civilisation*, il l'appelle aujourd'hui *une lutte impie*, et il se rue contre la Chambre agonisante comme un désespéré qui n'a plus rien à en attendre. Il vient infailliblement un jour où les méchans ne s'entendent plus entre eux.

Ces hommes qui n'ont pas reculé devant des allocations de 3,680,000 francs pour secours à distribuer pendant une année à des étrangers réfugiés en France par suite d'évènemens politiques, qui ont sanctionné par leur vote le principe *essentiellement moral* d'une indemnité de 220,000 francs aux condamnés politiques sous la restauration; qui, d'une main libérale, ajoutent 1,200,000 fr. aux fonds des dépenses secrètes de l'année courante; ces hommes, en un mot, si prodigues de la fortune publique, se sont révoltés à l'idée d'accorder un million à une ville qui ne se relèvera peut-être jamais du coup porté à sa prospérité et à son industrie. La postérité dira : Les Lyonnais malheureux ont inspiré aux députés de la France moins de sympathie que les révoltés et les bannis de la Pologne et de l'Italie.

L'acte arbitraire contre *le Réparateur* avait donné une idée du projet que l'autorité méditait contre la presse lyonnaise indépendante. *La Glaneuse,* feuille républicaine, fut suspendue par de simples menaces du préfet; on mit les scellés sur les bureaux du *Précurseur;* son principal rédacteur fut poursuivi, un de ses gérans fut emprisonné, ainsi que l'imprimeur. Trois numéros du *Réparateur* furent incriminés, son gérant et son imprimeur furent envoyés devant les prochaines assises. Le premier fut condamné à 1200 francs d'amende et à six mois de prison, malgré l'immense talent de Me Berryer. On ne voulait ni la vérité ni les réflexions sévères qu'elle entraînait après elle. Cependant la presse conserva l'attitude qui lui appartient, malgré les menaces des poursuites judiciaires et même des attaques violentes des sicaires de l'orléanisme. Mais la presse n'a pas pu tout dire; c'est pour cela que l'auteur de ce récit a pris la plume, après s'être entouré de tous les documens que les plus honorables citoyens se sont empressés de lui donner.

A mesure que l'on s'éloignait des journées à jamais déplorables, on s'éclairait de plus en plus sur les forfaits qui ont attristé notre ville, on jugeait de l'étendue de nos désastres. Malheureuse cité! combien de fois, dans l'espace de quarante années, elle a été déchirée par les mains de ses propres enfans! Parcourez nos places et nos quais, vous y verrez à côté les unes des autres les marques des boulets de 1793, de 1831 et de 1834! En moins d'un demi-siècle, trois horribles catastrophes causées par la guerre civile, et deux invasions étrangères qui ont laissé moins de traces après elles que nos dissentions intestines!

L'animosité de la population allait toujours croissant contre les soldats; de petits postes extérieurs furent attaqués la nuit par des hommes armés, des factionnaires furent tués. Le gouvernement aurait évité ces crimes isolés, s'il eût fait remplacer sur le champ la garnison; mais il aima mieux laisser les meurtriers et les victimes en présence. Les soldats ne sortirent plus qu'armés; ceux qui allaient chercher du charbon ou qui portaient à manger à leurs camarades dans les différens postes, avaient leur fusil en bandoulière; les sentinelles eurent la consigne de faire feu sur les passans qui, à nuit close, ne répondraient pas à leur *qui vive?* Plusieurs citoyens furent blessés, un prisonnier fut tué par un soldat en faction dans la prison de Perrache; Lyon fut traitée en ville conquise. Les ouvriers, dans l'impuissance à laquelle ils étaient réduits, supportaient le despotisme militaire avec résignation, mais ils formaient secrètement dans leur âme des projets de vengeance.

Le résultat matériel des évènemens dont on vient de lire le récit, qui est loin d'être complet, fut le manque de travail et la misère. Un grand nombre de métiers avaient été brisés et incendiés par les soldats et par les obus : ces métiers étaient le gagne-pain quotidien de leurs propriétaires.

Le résultat moral fut un redoublement de haine contre l'autorité, la méfiance, le désir de la vengeance, et, pour un grand nombre, la fin des illusions révolutionnaires. Les yeux les plus fascinés se sont dessillés, et ceux-là même qui avaient applaudi à l'aurore de la révolution de 1830, ceux qui avaient aidé au renversement de la restauration, ont reconnu leur fatale erreur; ceux qui n'avaient pas attendu cette dernière pour maudire la révolution, lui ont voué une haine éternelle.

Nous sommes au bout de la tâche qui nous a été imposée : nous croyons avoir fait l'office de bons citoyens. Nés dans les murs de Lyon, témoins de tous ses désastres, nous n'avons pas pu voir couler le sang de nos concitoyens sans faire entendre un cri de douleur, et nous avons dit la vérité.

PIÈCES JUSTIFICATIVES

ET FAITS DIVERS.

N° 1.

JOURNÉES D'AVRIL, 9, 10, 11 ET 12,

SUR LE QUAI DE VILLEROI, LES PLACES D'ALBON ET DE L'HERBERIE (1).

Première journée, le 9.

A peine les troubles survenus aux alentours de la place Saint-Jean eurent-ils répandu l'alarme sur la rive gauche de la Saône, que l'on vit quinze individus de la classe ouvrière se mettre en mesure de préparer quelques moyens de défense à l'extrémité nord du quai de Villeroi.

Toutes les voitures ou charrettes qui leur tombèrent sous

(1) Nous avons cru bien faire de placer ici cette relation d'un témoin oculaire que nous avons eue trop tard pour pouvoir l'insérer dans le corps de l'ouvrage.

la main servirent à élever une barricade. elle fermait l'espace compris entre la maison Laubreau, située sur la culée du pont, et la maison en face, formant l'angle du quai et de la place d'Albon.

Ce retranchement improvisé fut consolidé avec des poutres et des plateaux enlevés au chantier servant à la construction du nouveau quai de la Pêcherie.

Deux de ces quinze hommes étaient seuls armés de fusils leurs autres camarades se munissaient de pavés qu'ils arrachaient à l'aide de pressons et de marteaux trouvés dans le même chantier.

La force armée ne tarda pas à se montrer sur le port du Temple. Deux coups de canon chargés à mitraille furent tirés contre la barricade; mais au lieu d'atteindre les insurgés, la mitraille ne servit qu'à mettre en pièces les enseignes des magasins du quai de Villeroi.

« Aux pavés et aux toits! » s'écrie alors la petite troupe. A l'instant elle se fait ouvrir de force la porte des maisons sur le toit desquelles il lui paraît convenable de prendre position. L'un des deux hommes armés reste seul derrière la barricade. Il y attend de pied ferme les trois compagnies de la troupe de ligne qui s'avançaient sur le quai de Saint-Antoine. A peine avaient-elles atteint le corps de garde de la Mort-qui-Trompe, qu'il fait feu et blesse le capitaine marchant en tête de la colonne. La troupe riposte par un feu de peloton, qu'elle fait bientôt suivre d'une seconde décharge.

Cependant les soldats semblaient hésiter à s'avancer davantage, sans doute dans la crainte de tomber dans quelque embuscade. L'ouvrier profite de ce moment d'hésitation pour charger de nouveau son fusil. Cette opération était assez longue pour lui, car il était dépourvu de cartouches une poire à poudre et quelques balles dans ses poches, telles etaient les munitions en son pouvoir.

L'insurgé fait feu une seconde fois, blesse encore un militaire, et se sauve par la rue des Bouquetiers. La cessation du feu de la part de cet intrépide, détermine la troupe de ligne à s'avancer jusqu'à la barricade Elle y prend position. Il s'engage alors une guerre de tirailleurs entre les insurgés et les militaires. Les premiers faisaient feu de la place Saint-Nizier, sur tout soldat qui osait se montrer en-dehors de la barricade. Du côté de la troupe, deux factionnaires se tenant à couvert derrière la borne qui s'élève à l'angle des magasins de M. Carrand, dirigeaient leurs coups l'un sur la place de Saint-Nizier, l'autre sur celle de l'Herberie.

Dans l'après-midi, un détachement de dragons parti de la place des Terreaux, fut obligé d'opérer prompte retraite Trois ouvriers placés sur les toits de la rue Saint-Côme, suffirent pour leur interdire le passage.

Une heure après, un fort détachement d'infanterie, commandé par un chef de bataillon, débouchait sur la place de l'Herberie, lorsqu'il se vit brusquement arrêté par le feu meurtrier de quatre ou cinq insurgés embusqués dans la grande rue Longue. Les soldats se dérobèrent a une mort certaine en s'échappant les uns par la rue Tête-de-Mort, les autres par la place de l'Herberie

Dès les deux heures de l'après-midi, toute la partie du quai de la Saône, depuis le pont Séguin jusqu'à celui du Change, était occupée militairement. Trois compagnies gardaient l'extrémité nord du quai de Villeroi. La surveillance de la rue des Souffletiers était confiée à une quatrième compagnie. Une cinquième stationnait devant le passage connu sous le nom d'*Allée marchande*. La sixième se tenait en face de la rue Petit-David. L'artillerie, composée de deux pièces de canon, occupait la tête du pont Séguin, sous la protection de deux détachemens d'infanterie et de quelques dragons.

Sur les quatre heures, une compagnie de voltigeurs pénétra dans la rue Mercière, mais elle en sortit avec précipitation par la rue des Souffletiers, emportant deux blessés et le fourniment complet d'un militaire resté sur le carreau, et très-probablement tué à côté de l'officier qui avait dirigé cette reconnaissance, car il était tout couvert de sang.

Le reste de la soirée n'offrit rien de saillant. Aux approches de la nuit, les soldats allumèrent de grands feux qu'ils entretinrent avec les planches et les voitures dont se composait la barricade.

Deuxieme journée, le 10

La matinée du 10 fut assez calme. Les femmes purent circuler pour aller aux provisions. Cependant, sur les neuf heures, trois insurgés montés sur le toit de la maison place de l'Herberie, n° 3, commencèrent un feu très-vif sur la troupe stationnée à l'extrémité nord du quai de Villeroi Les soldats furent obligés de se mettre à couvert contre la maison occupée par M. Carrand. Des coups de fusil furent échangés sans aucun résultat.

Un officier d'état-major vint peu après faire l'inspection des postes. On lui indiqua la maison d'où l'attaque était partie. Aux décharges dont il fut lui même témoin, il jugea que la place n'était pas tenable. Désirant assurer la défense sans trop exposer les soldats, il entra dans la maison Laubreaux, se fit ouvrir les divers appartemens ou magasins, et y plaça des militaires qui, faisant feu par les fenêtres, essayèrent de déloger les assaillans du toit qu'ils occupaient. Une heure après le départ de l'officier d'état-major, arrive une compagnie de grenadiers escortant quatre artilleurs, dont trois étaient chargés de sacs; le quatrième, qui était un sous-officier, avait à la main une mèche allumée. Ce dernier monte dans la maison Laubreaux, et d'une croisée examine d'où partent les coups tirés par les trois ouvriers. Cette reconnaissance faite, il rejoint les artilleurs, qui, protégés par deux compagnies prêtes à faire feu, s'avancent avec lui jusqu'à la porte de la maison place de l'Herberie, n° 3, y déposent l'infernale machine, et en moins de deux minutes l'explosion se fait entendre. Les militaires en sont renversés. Les habitans des places de l'Herberie et d'Albon, ceux de la rue Saint-Côme et autres circonvoisines en sont jetés par terre, toutes les vitres volent en éclats; les fermetures des magasins de l'Herberie sont enfoncées et mises en pièces, le pavé de la place est couvert d'objets d'orfêvrerie et quincaillerie, une dame étrangère qui se trouvait dans le magasin de madame veuve Perrier, en face de la maison n° 3, est grièvement blessée.

Après cette horrible scène, le reste de la journée se passa dans le calme de la stupeur

On aperçut seulement quelques agens de police distribuant, sur le quai de la Saône, une proclamation du préfet, annonçant que l'insurrection *touchait à son terme, que les ouvriers étaient repoussés sur tous les points*, mais que néanmoins les bons citoyens qui voudraient prendre les armes, étaient invités à se présenter à la préfecture.

Les combattans avaient conservé de part et d'autre leurs positions, d'amples rations de vin et d'eau-de-vie étaient arrivées à la troupe.

Au coucher du soleil, un soldat du centre fit feu sur une pauvre femme qui venait de chercher du pain, elle rentrait paisiblement dans la rue Tête-de-Mort, lorsqu'elle fut atteinte du plomb fatal. Trois cris déchirans se firent entendre avant son dernier soupir.

Un officier témoin de ce meurtre en manifesta son indignation, il frappa rudement le misérable qui l'avait commis.

A la nuit, les militaires rallumèrent les feux aux dépens

des bateaux de charbon de bois amarrés sur la rive gauche de la Saône. Le lendemain matin, le charbon de terre remplaça le premier : les bateaux contenant ce combustible étant sous la main des soldats, ils en firent ample consommation, sans s'inquiéter de la ruine des propriétaires.

Pendant la nuit du 10 au 11, une assez vive fusillade se fit entendre ; le passage devant la rue des Soufflетiers était périlleux : dès qu'un pantalon rouge était aperçu, un coup de fusil partait. Les fourgons militaires, en allant aux provisions, se tenaient à certaine distance les uns des autres, et ne passaient qu'au grand galop devant la fatale rue. Les conducteurs étaient couchés sur leurs chevaux.

Troisième journée, le 11.

Dans la matinée du 11, un officier du génie, escorté de quelques soldats du même corps, vint inspecter les positions. Par son ordre, trois barricades furent élevées, afin sans doute de prévenir toute surprise. L'une fut construite à l'entrée de la rue des Bouquetiers, la seconde, qui s'étendait du magasin de M. Soccard à celui de M. Ancel-Roy, fermait la place de l'Herberie, la troisième, établie sur le pont du Change, en interceptait le passage.

Le chantier du quai neuf de la Pêcherie fournit encore les matériaux nécessaires, on y joignit les planches extraites des bateaux de charbon, les débris mêmes des magasins de la place de l'Herberie, et enfin deux énormes charrettes. Des factionnaires furent placés devant ces retranchemens, avec ordre de faire feu sur tout ce qui viendrait à paraître.

Pour garantir la troupe des coups de fusil tirés par des insurgés maîtres de la tête du pont sur la rive droite de la Saône, on plaça sur le parapet du quai de Villeroi des espèces de gabions qui n'étaient autre chose que les *mesures* dont se servent les marchands pour la vente du charbon. On les remplit de pavés.

Sur les onze heures, grande et subite alerte; le pas de charge se fait entendre. Les factionnaires chargés de la garde des barricades abandonnent leur poste en criant *aux armes!*

Une compagnie du centre se met en bataille devant l'ancienne maison de MM. Fournel, située à la descente du pont, du côté de la Pêcherie. Les grenadiers et les voltigeurs restent en réserve pour repousser toute attaque venant de la place de l'Herberie. Cette alarme était causée par *sept insurgés* qui, le tambour en tête, s'avancèrent fièrement contre la barricade de la rue des Bouquetiers. Ils étaient soutenus par *trois* de leurs camarades postés sur le toit de la maison occupée par MM. Dorel, à l'angle de la petite rue Mercière et de celle des Bouquetiers, les uns et les autres faisaient un feu terrible sur la compagnie du centre qui, placée trop a découvert en avant de la barricade, eut un grand nombre de blessés. Le brave officier qui la veille avait puni le militaire coupable du meurtre de la pauvre femme, fut lui-même atteint a la cuisse, dès la première décharge.

Les ouvriers se soutinrent, pendant une heure au moins, dans leurs positions. Presque tous leurs coups portaient, tandis que les balles de leurs adversaires se perdaient dans la barricade, ou contre le mur d'une petite tour élevée sur la maison occupée par MM. Dorel. Protégés par cette espèce de rempart, les trois hommes postés sur le toit étaient d'un puissant secours pour ceux de leurs camarades qui se battaient au-dessous d'eux. Un seul ajustait les coups, les deux autres chargeaient les fusils.

Aucune tentative ne fut faite pour débusquer ces trois hommes d'une position si avantageuse pour eux et si fatale à leurs adversaires. On se contenta d'échanger quelques coups de fusil avec eux. Ce fut seulement lorsqu'ils opéraient leur retraite que l'un des trois, jeune homme d'une quinzaine d'années, fut tué sur le toit.

Les insurgés, à qui les munitions commençaient sans doute à manquer, prirent le parti de se retirer Les soldats occuperent de nouveau les postes qu'ils avaient abandonnés au moment de l'attaque.

Dans l'apres-midi, les gendarmes vinrent en patrouille jusqu'a l'extrémité nord du quai de Villeroi. Ils y furent salués par une décharge partant de dessus le pont du Change. Les gabions du parapet les mirent a l'abri de toute atteinte. et sans pousser plus loin la reconnaissance qu'ils étaient sans doute chargés de faire, ils retournerent sur leurs pas plus vite qu'ils n'étaient venus

A la nuit, les feux entretenus sur le quai parurent s'éteindre. Des cinq qu'il y avait eu pendant toute la journée, un seul fut maintenu, encore était-il peu animé

Cette remarque donna lieu de croire que la troupe allait opérer sa retraite a la faveur des ténèbres : c'était une erreur. Il est probable que l'on voulut profiter de l'obscurité pour faciliter la circulation des officiers supérieurs qui vinrent sans doute se concerter, en faisant l'inspection des lieux, sur les moyens de réprimer vigoureusement l'émeute, dont la durée devenait si funeste aux troupes

Quatrième journée, le 12

Le samedi 12, un officier supérieur d'état-major arriva de bonne heure. Par ses ordres, trois meurtrières dirigées contre la place Saint-Nizier, furent pratiquées dans la maison Laubreaux. Il fit placer des voltigeurs aux croisées de la maison occupée par Mme veuve Dumetz, orfevre. Des matelas furent suspendus aux fenêtres, pour mettre les tirailleurs à l'abri des balles. Des soldats du génie munis d'une échelle, abattirent l'enseigne d'un marchand de bas, qui, par sa trop grande saillie sur la rue des Bouquetiers, gênait le feu des meurtrières de la maison Laubreaux

Sur les onze heures, on vit paraître un décoré de juillet, chef de bataillon (du 6e, je crois). Il inspecte les positions Un plan de la place Saint-Nizier lui est présenté, sur sa demande, il le fixe quelque temps, et, ce plan à la main, il entre, par la place d'Albon, dans une maison ayant jour sur la rue des Bouquetiers. D'une des fenêtres il examine attentivement les localités. Cette reconnaissance faite, presque toutes les croisées sur la ligne gauche de la rue sont, par ses ordres, garnies de tirailleurs.

La facilité avec laquelle les soldats pénétrèrent dans toutes les maisons, donne sujet de croire qu'ils y avaient pratiqué des communications intérieures

Pendant que le décoré de juillet faisait ses dispositions, le lieutenant-colonel du 28e était survenu avec divers officiers d'état-major. Plusieurs dépêches furent expédiées au général, qui lui-même parut, quelques instans après, à la tête de nombreux renforts d'infanterie. Le général était suivi d'un domestique portant une bouteille à la main. Le colonel du 6e ne tarda pas a arriver aussi. Le domestique de ce dernier était armé d'un grand sabre de cavalerie, deux pistolets d'arçon sortaient de ses poches.

Toutes les mesures prises, le chef de bataillon, après s'être entretenu quelques instans avec les officiers d'état-major, se met à la tête d'une compagnie de voltigeurs qu'il dirige sur la barricade de la rue des Bouquetiers, il la fait ouvrir, et les soldats protégés par les tirailleurs placés aux fenêtres, s'avancent, non sans quelqu'apparence de crainte, vers la place Saint-Nizier.

Les matériaux de la barricade que l'on venait d'ouvrir sont employés à l'instant même a la construction d'un autre retranchement, a l'entrée de la petite rue Mercière, afin d'en fermer le passage aux insurgés qui tenteraient de venir au secours des leurs. Plusieurs factionnaires sont chargés de la garde de ce poste le feu presque continuel qu'ils ont à essuyer, et auquel ils répondent, prouve que la précaution était sage. Pareille mesure avait été prise, dès la veille, dans la rue des Souffletiers une compagnie en défendait la barricade.

De fortes et fréquentes détonations se font entendre dans la direction de la place Saint-Nizier. Bientôt des renforts sont demandés à grands cris : toutes les compagnies, conduites par les officiers supérieurs, se précipitent vers le lieu du combat · une seule reste à la tête du pont avec le général.

Cependant la lutte se prolonge, la marche des assaillans est retardée plutôt par la crainte de trop s'aventurer, que par la résistance des insurgés.

Entre trois et quatre heures, six militaires amènent le premier prisonnier. C'était un jeune homme assez bien mis, qui avait plutôt l'air d'un curieux imprudent que d'un combattant. Les soldats se mettent en mesure de le fusiller sur le champ, l'un d'eux tente même de le percer de sa baionnette : un capitaine du 28e détourne le coup.

Ce brave officier, qui pendant trois jours a occupé le même poste, a constamment montré beaucoup d'humanité et de sang-froid. Par ses soins, le prisonnier est dirigé du côté de l'Hôtel-de-Ville, sous l'escorte de quatre soldats d'une compagnie qui arrivait · le capitaine retient les siens auprès de lui.

Un instant après, un détachement se présente, conduisant quatre nouveaux prisonniers. De ce nombre était un voiturier qui, pour preuve de son innocence, montrait sa charrette enlevée de force pour servir à l'une des barricades. Les trois autres ne paraissaient pas intimidés, et n'alléguaient aucune excuse.

Un enfant de 10 à 12 ans, tenu au collet par un grenadier, survint ensuite : ce malheureux poussait les hauts cris.

Ces cinq prisonniers furent conduits dans l'une des prisons de la ville ; ils s'y acheminèrent par les quais de Villeroi et de Saint-Antoine.

Les six prisonniers dont il vient d'être parlé, sont les seuls vus, ce jour-là, sur la place d'Albon.

Le feu de la mousqueterie avait cessé, le tocsin ne se faisait plus entendre.

Le reste de la soirée n'offrit rien de remarquable. Il y eut beaucoup de patrouilles, les dragons y parurent pour la première fois. Le mouvement des troupes dura jusqu'à la nuit. Des factionnaires furent placés à tous les aboutissans. Ce fut avec beaucoup de peine que les habitans du quartier obtinrent la permission de communiquer entre eux.

On détruisit les barricades, avec leurs matériaux, la troupe alluma de grands feux : enseignes, fermetures de magasins, etc., tout y passa.

Sur les six heures, on vit venir trois malles de courriers allant grand train ; elles se dirigeaient sur la route de Paris, en suivant la rive gauche de la Saône.

Ce fut à peu près au même moment que parurent messieurs du conseil municipal, escortés de commissaires de police.

La nuit du 12 au 13 fut tranquille : on entendit seulement de temps à autre quelques coups de fusil. A cinq heures du matin arrivèrent trois malles venant de Paris.

Pendant les quatre journées de combat, le transport des militaires blessés a été presque continuel sur le quai de la Saône.

N° II.

BULLETIN D'UNE BARRICADE.

Mercredi 9 avril, je fus forcé par les circonstances de me retirer à la côte des Carmélites. La consternation était sur tous les visages, néanmoins les ouvriers travaillaient avec activité à former des barricades, peu d'hommes armés protégeaient les travaux A trois heures de l'après-midi, la Grand'-Côte, la côte des Carmélites, le bas de la rue de Flesselle, le clos Casati et la rue Vieille-Monnaie furent en état de défense.

La caserne du Bon-Pasteur fut prise. M. Meunier, aide-major au 27ᵉ, fut arrêté par un poste au moment où il se rendait à ses fonctions, il fut reconduit chez lui sur parole, et sommé de panser les blessés. Les ouvriers n'ont qu'à se louer de la conduite de cet officier, les matelas et les sommiers de la caserne furent portés aux barricades.

Le jeudi 10, à cinq heures du matin, la rue des Petits-Pères fut garnie d'une forte barricade. Vers midi, la troupe fit mine de vouloir monter nous débusquer, mais nous nous portâmes en avant et nous emparâmes de la place Sathonnay. Les hommes sans armes entrèrent dans différentes maisons et s'en munirent. Peu après, il partit un feu roulant des croisées; nous n'eûmes que deux blessés; c'est alors que nos camarades remontèrent aux barricades et s'y maintinrent d'une manière toute militaire, la caserne fut aussitôt crénelée, ce qui garantissait le jardin des Plantes d'une invasion; dès lors on fit la cuisine dans les postes.

Dans l'apres-midi, le courrier de la malle-poste fut arrêté et conduit au grand poste, quatre autres personnes furent également arrêtées, tous les égards leur ont été prodigués, elles peuvent en rendre temoignage.

Tout se passa ainsi jusqu'au dimanche 13, en escarmouches de coups de fusil, c'est alors qu'on adressa aux habitans du quartier la demande suivante

« Citoyens !

« Vous êtes invités par les amis de l'ordre et de la liberte à coopérer à la subsistance des citoyens armés pour la cause publique. Divers individus sans qualité se sont permis de recueillir des dons en en faisant leur propre profit, et nous voulons prévenir de si lâches infamies : les chefs de postes sont spécialement chargés de recevoir et de partager entre les postes de la division. »

Le lundi 14, après cinq jours de résistance, sans communication et presque sans armes, on assembla un conseil composé de vingt-cinq citoyens, où on delibéra sur les moyens de retraite, l'etat des armes et des hommes y fut soumis. En voici le résultat

Soixante-dix mauvais fusils pour deux cents hommes, tels étaient les moyens de défense.

Celui qui présidait ce conseil fit l'allocution suivante .

« Citoyens !

« Dans la position où nous nous trouvons, en face d'une armée, la résistance est inutile. Votre courage, loin de s'affaiblir, semble s'augmenter. Vous ne voudriez pas être la cause de la destruction des familles qui nous entourent ; ce serait du sang français qui coulerait de plus et inutilement. L'humanité nous commande de chercher les moyens d'une retraite honorable. On peut faire une retraite, mais on n'est pas pour cela vaincu; nous pouvons encore être utiles au pays. Nos efforts, j'en suis convaincu, feront ouvrir les yeux à ceux qui n'ont pas suivi notre exemple; mais il faut tout attendre du temps. Si cependant vous vouliez combattre encore, je serais le premier à vous en donner l'exemple; et si ma vie pouvait payer ce que nous demandons, je suis prêt à la livrer à la bouche du canon. »

On délibéra pour que la retraite se fît dans la nuit du 14 au 15, on délibéra également pour renvoyer les prisonniers, et chacun d'eux put retourner chez lui. Après la délibération, on travailla aux barricades comme si on ne songeait qu'à la défense. On se dit adieu en s'embrassant, des larmes coulèrent sur le sort de nos frères morts pour la liberté, ce qui est pour l'histoire des peuples encore une leçon.

P. S. Dans ces cinq jours, nous avons eu un homme tué chez lui et cinq blessés (1).

(1) Extrait du *Precurseur*

N° III.

JUGEMENT

RENDU PAR LE 1er CONSEIL DE GUERRE PERMANENT DE LA 7e DIVISION MILITAIRE

DE PAR LE ROI

LOUIS-PHILIPPE Ier, ROI DES FRANÇAIS, A TOUS PRÉSENS ET A VENIR SALUT

Aujourd'hui vingt-six du mois de mai mil huit cent trente-quatre, le 1er Conseil de guerre permanent de la 7e division militaire, crée en vertu de la loi du 13 brumaire an 5, et composé, conformément a cette loi, de

MM. Canuet, colonel de la 19e légion de gendarmerie, *Président,*

Maillart, chef de bataillon au 15e léger,
Leblond, capitaine au 15e léger,
Rhéal, capitaine au 27e de ligne,
Thevenet, lieutenant au 6e de ligne,
Goueslin, sous-lieutenant au 6e de ligne,
Chenu, sergent au 15e léger, } *Juges;*

Geoffroy, capitaine au 6e de ligne, remplissant les fonctions de *commissaire du roi,*

Septans, lieutenant au 6e de ligne, remplissant celles de rapporteur, *substitut*

Tous nommés par M. le lieutenant-général commandant ladite division,

Assisté de M. Figuiere-Devaux, greffier, nommé par le rapporteur,

Lesquels, aux termes des articles 7 et 8 de la loi du 13 brumaire an 5, ne sont parens ou alliés, ni entre eux, ni des prévenus, au degré prohibé par la loi,

Ledit Conseil, convoqué par l'ordre de M. le commandant de la division, s'est réuni dans le lieu ordinaire de ses séances, à l'effet de juger les nommés

1° Kinder, Jean, fils de Nicolas et de Marguerite Engelbert, domiciliés a Obergailbach, département de la Moselle, né le 22 novembre 1810, à Obergailbach, département de la Moselle, domicilié, avant d'entrer au service, a Obergailbach, département de la Moselle, taille de 1 mètre 800 millimètres, cheveux et sourcils roux, front ordinaire, yeux gris-bleus, nez gros, bouche moyenne, menton pointu, visage ovale,

2° Robert, François, fils de Pierre et de Reine Petit-Imbert, domiciliés à Montreuillon, département de la Nièvre, né le 28 novembre 1811, a Montreuillon, département de la Nievre, y domicilié avant d'entrer au service, taille de 1 mètre 702 millimètres, visage long, front couvert, yeux gris, nez effilé, bouche petite, menton rond, cheveux et sourcils bruns,

3° Leloy, Jacques, fils de Pierre et d'Anne Possart, domiciliés à Jarzay, département de Maine-et-Loire, né le 1er novembre 1811, à Jarsay, département de Maine-et-Loire, y domicilie avant d'entrer au service, taille de 1 mètre 695 millimètres, visage ovale, front rond moyen, yeux bleus, nez gros, bouche grande, menton rond, cheveux et sourcils châtains, tous trois dragons au 7e régiment,

Accusés de vol dans une maison habitée, le douze avril dernier, de divers effets appartenant au sieur Farnoux, marchand de pierres aux Brotteaux

La séance ayant été ouverte, M. le président a fait apporter par le greffier et déposer devant lui, sur le bureau, un exemplaire des lois militaires en vigueur, et a demandé ensuite au rapporteur la lecture du procès-verbal d'information, de la plainte et de toutes les pièces tant à charge qu'à décharge, au nombre de cinq.

Cette lecture terminée, M. le président a ordonné à la garde d'amener les accusés, qui ont été introduits libres et sans fers devant le Conseil, accompagnés de leur défenseur officieux.

Interrogés de leurs noms, prénoms, âge, lieu de naissance et domicile, ont répondu se nommer

1° Kinder, Jean, âgé de 23 ans, né à Obergailbach, département de la Moselle, domicilié, avant d'entrer au service, à Obergailbach, département de la Moselle, et être actuellement dragon au 7e régiment;

2° Robert, François, âgé de 22 ans, né à Montreuillon, département de la Nièvre, y domicilié avant d'entrer au service, et être actuellement dragon au 7e régiment;

3° Leloy, Jacques, âgé de 22 ans, né à Jarzay, département de Maine-et-Loire, y domicilié avant d'entrer au service, et être actuellement dragon au 7e régiment.

Après avoir donné connaissance aux accusés des faits à leur charge, leur avoir fait prêter interrogatoire par l'organe de M. le président, avoir entendu séparément les témoins à charge qui leur ont été publiquement confrontés, lesquels ont tous prêté le serment voulu par la loi,

Ouï le rapporteur dans son rapport et ses conclusions, et les accusés dans leurs moyens de défense, tant par eux que par leurs défenseurs, lesquels ont dit les uns et les autres n'avoir plus rien à ajouter,

M. le président a demandé aux membres du Conseil s'ils avaient des observations à faire. Sur leur réponse négative, et avant d'aller aux opinions, il a ordonné aux défenseurs et aux accusés de se retirer. Les accusés ont été reconduits par l'escorte à la prison. Le rapporteur, le greffier et les assistans dans l'auditoire, se sont retirés sur l'invitation de M. le président.

Le Conseil délibérant a huis-clos, seulement en présence du commissaire du roi, M. le président a posé les questions ainsi qu'il suit :

1° Le nommé Kinder, susqualifié, accusé de vol dans une maison habitée, le 12 avril dernier, de divers effets appartenant au sieur Farnoux, marchand de pierres aux Brotteaux, est-il coupable ?

2° Le nommé Robert, susqualifié, accusé du même délit, est-il coupable ?

3° Le nommé Leloy, susqualifié, accusé du même délit, est-il coupable ?

4° Les mêmes dragons, susqualifiés, accusés de vol dans une maison habitée, l'ont-ils commis ensemble ?

Les voix recueillies en commençant par le grade inférieur, et le président ayant émis son opinion le dernier, le 1er Conseil de guerre déclare à l'unanimité, sur la 1re question, que ledit Kinder est coupable ; à l'unanimité, sur la 2e question, que ledit Robert est coupable, à l'unanimité, sur la 3e question, que ledit Leloy est coupable, et à l'unanimité, sur la 4e question, que les trois dragons ne sont pas coupables.

Sur quoi le commissaire du roi ayant fait son réquisitoire pour l'application de la peine,

Les voies recueillies de nouveau par M. le président dans la forme indiquée ci-dessus, le 1er Conseil de guerre permanent faisant droit audit réquisitoire, et M. le président ayant lu le texte de la loi, condamne à la majorité de six voix sur sept, les nommés Kinder (Jean), Robert (François) et Leloy (Jacques), dragons au 7e régiment, à la peine d'un an de prison, et solidairement aux frais de la procédure, liquidés à la somme de 12 francs, conformément aux articles 18, titre 13 du décret de la Convention nationale, du 3 pluviose an 2, 401 du Code pénal ordinaire, 1er et 3 de la loi du 18 germinal an 7, ainsi conçu.

Art. 18. « Dans les cas non prévus par les lois pénales et militaires, les tribunaux criminels et de police correctionnelle militaire appliqueront les peines énoncées dans les lois pénales ordinaires, lorsque le délit s'y trouvera classé. »

Art. 401. « Les autres vols non spécifiés dans la présente section, les larcins et filouteries, ainsi que les tentatives de ces mêmes délits, seront punis d'un emprisonnement d'un an au moins et de cinq ans au plus, etc. »

Art. 1er. « Tout jugement d'un tribunal criminel, correctionnel ou de police, portant condamnation à une peine quelconque, prononcera en même temps au profit de l'Etat le remboursement des frais auxquels la poursuite ou la punition des crimes ou délits aura donné lieu. »

Art. 3. « Les frais seront liquidés, et la liquidation rendue exécutoire par le président du tribunal. Le recouvrement en sera poursuivi par les preposes à la régie de l'enregistrement et du domaine national. »

Le conseil ordonne la restitution des objets volés, conformément à l'article 366, 2e § du Code d'instruction criminelle, ainsi conçu

« La cour ordonnera aussi que les effets pris seront restitués au propriétaire. Néanmoins, s'il y a eu condamnation, cette restitution ne sera faite qu'en justifiant par le propriétaire que le condamné a laissé passer les délais sans se pourvoir en cassation, ou s'il s'est pourvu, que l'affaire est définitivement terminée. »

Enjoint au rapporteur de lire de suite le présent jugement aux condamnés, en présence de la garde assemblée sous les armes, de les prévenir que la loi leur accorde un délai de vingt-quatre heures pour se pourvoir en révision, et au surplus, de faire exécuter ledit jugement dans tout son contenu.

Ordonne en outre qu'il sera envoyé, dans les délais prescrits par l'article 39 de la loi du 13 brumaire an 5, une expédition tant à M. le ministre de la guerre qu'à M. le lieutenant-général commandant la division, et au conseil d'administration du corps des condamnés.

Fait, clos et jugé sans désemparer, en séance publique, à Lyon, les jour, mois et an que dessus; et les membres du Conseil ont signé, avec le rapporteur et le greffier, la minute du présent jugement. *Signé* Chenu, Goueslin, Thevenet, Rhéal, Leblond, Maillart, juges, Canuet, président, Septans, substitut du rapporteur, et Figuières Devaux, greffier.

Lecture du présent jugement a été faite aux condamnés en présence de la garde assemblée sous les armes, a Lyon, le vingt-six mai an mil huit cent trente quatre, à trois heures de relevée, et ils ont été prévenus que la loi leur accorde un délai de vingt-quatre heures pour se pourvoir en révision.

Le substitut du capitaine rapporteur,
Signé SEPTANS.

Le greffier,
Signé FIGUIÈRE-DEVAUX.

Mandons et ordonnons à tous huissiers, sur ce requis, de mettre ledit jugement à exécution, à nos procureurs-généraux et à nos procureurs près les tribunaux de première instance d'y tenir la main, à tous commandans et officiers de la force publique de prêter main-forte lorsqu'ils en seront également requis.

Le président,
Signé CANUET.

Le greffier,
Signé FIGUIÈRE-DEVAUX.

Pour expédition conforme,

Le substitut du capitaine rapporteur,
SEPTANS

Le greffier,
FIGUIÈRE-DEVAUX.

N° IV.

QUARTIER DE LA RUE THOLOSAN,

ET LES CHARTREUX, RUE NEYRET (1).

Le mercredi à midi, la barricade de la rue Tholozan s'est formée en même temps que celle de la rue Masson, aboutissant au couvent des Carmélites, faisant face à la rue des Chartreux pour empêcher aux soldats des Chartreux de descendre. De là, l'on s'est porté à la caserne de la rue Neyret, où l'on a fait prisonniers tous les militaires qui s'y trouvaient; c'est-à-dire, ceux qui étaient consignés et ceux qui faisaient les vivres. L'on s'est emparé du peu d'armes qu'il y avait, des matelas, des draps, des couvertures, les matelas ont été portés aux barricades pour empêcher aux balles de traverser, ce qui a fort bien réussi. Une fois les barricades bien faites, l'on s'est mis à chercher des armes, mais on en a peu trouvé, la barricade de la rue Tholozan avait dix-huit fusils, tant fusils de chasse que de munition. Celle du coin de la rue Masson en avait une sixaine, celle de la rue Neyret autant, enfin d'après le rapport des combattans, l'on comptait depuis la rue Tholozan jusqu'au clos Casati, derrière Saint-Policarpe, soixante-dix fusils. Les combattans parcouraient tout cet espace-là pendant les six jours de combat.

Je reviens après la formation des barricades. Le mercredi lorsqu'on a été en sûreté contre la troupe, alors un personnage paraissant à *moyens d'éducation*, a fait faire un

(1) Nous n'avons pas cru devoir changer un seul mot de ce récit naïf d'un homme du peuple, nous le donnons tel qu'il nous est parvenu.

roulement de tambours, de là, déroulant une pancarte, a lu une proclamation qui a été suivie d'un claquement de mains et de cris de *vive la république!* parmi les applaudissans il se trouvait fort peu de grandes personnes, il y avait beaucoup d'enfans, quelques femmes. Deux jours après, nos combattans se trouvant sans argent et sans pain, ont été réduits à demander aux habitans des secours, tous les jours ils faisaient une petite quête. Les principaux chefs voyant que tout le monde, du moins plusieurs personnes, se permettaient de quêter et qu'ils n'en retiraient rien, alors ils ont affiché que l'on ne donnât rien qu'à ceux qui seraient délégués par la commission. Cette affiche était signée l'an quarante deux de la république française, tel et tel. Dimanche 13 du courant, fatigués de cet état de choses, l'eau, le bois commençant à manquer, la viande aussi, ils se proposerent d'attaquer la position des Chartreux, tout le tour, mais se voyant peu nombreux, ils décidèrent de réunir un nombre d'enfans pour attaquer du côté de la rue Tholozan, par le clos, avec des pierres et des bâtons, pendant que les hommes en armes auraient attaqué d'un autre côté

Plusieurs habitans du quartier, s'apercevant de cette délibération, leur firent entendre que c'était sacrifier ces pauvres enfans, que de prendre une pareille détermination, par rapport aux pièces de canon qui se trouvaient sur la terrasse des Chartreux, qui pouvaient les cribler, alors leur projet échoua. Comme d'usage, à la tombée de la nuit, on plaçait des sentinelles de distance en distance, ce même soir nous n'en vîmes point. Les habitans alors, mus par une espèce de terreur, commencèrent a descendre les pavés que l'on avait montés chez eux, les prenant avec la main dans des paniers, de peur d'éveiller l'attention des insurgés, et qu'ils ne les fissent remonter. A onze heures je m'approchai de la barricade pour voir si j'apercevrais quelqu'un, j'entrevis un fusil couché contre la barricade, et point d'homme. Je revins rassurer mes voisins, et leur dis qu'ils pouvaient descendre leurs pavés, qu'on avait abandonné le poste. Un instant après, je vois entrer chez mon voisin un jeune homme tenant une carabine à la main, demandant l'hospitalité avec un air tout effrayé. Nous lui demandons la cause de sa frayeur, il nous dit qu'ils étaient vendus par les leurs mêmes, qu'ils les avaient trahis. « Nous revenons de patrouille, nous dit-il, jusqu'au clos Casati, et tous les postes sont abandonnés. En revenant, nous entrons à la caserne de la rue Neyret, et les militaires que nous avions fait prisonniers nous ont dit : « Amis, sauvez-« vous ; vous êtes vendus. » Nous lui faisons laver les mains, la figure, nous jetons sa poudre dans les latrines, sa carabine au milieu de la rue ; il quitte un plastron de crin piqué qu'il avait sur la poitrine, nous lui donnons à souper ; le lendemain nous l'avons fait partir, de peur de nous compromettre.

Le samedi 12, je n'ai pas besoin de vous raconter ce qui s'est passé à l'égard de la maison Brunet : tout le monde le sait. Lorsque les pièces de canon ont été dirigées contre, dans ce moment les officiers étaient réunis sur la terrasse des Chartreux, en cercle, le feu était un peu calme de part et d'autre. Tout à coup une balle vient frapper la tête d'un lieutenant et le couche mort. On n'a pas su si elle venait de cette maison ou d'un autre côté, mais on présuma qu'elle ne pouvait venir que de là. Le commandant envoie tout de suite un exprès à la caserne des Bernardines, au général Fleuri, pour lui annoncer cet événement, et savoir quel moyen il fallait prendre. Le général répondit qu'il fallait brûler la maison Brunet et les maisons environnantes.

L'ordre arrivé, les pièces de canon sont dirigées sur cette malheureuse maison. M. S***, missionnaire, s'en aperçoit, accourt auprès de M. le curé l'en prévenir. Aussitôt M. le curé implore le pardon pour les habitans de cette maison. A force de supplications, il obtient un délai; mais que si cela arrive encore, alors on ne pardonnera plus.

A ce sujet, les habitans ont fait un vœu à Notre-Dame-de-Fourvières, ils ont fait faire un tableau sur lequel est peint le plan de la maison et des Chartreux.

Voici la lettre que les habitans ont écrite a M. le curé des Chartreux

Les habitans de la maison Brunet, a M. le cure des Chartreux.

« Monsieur le curé,

« Nous savions que la maison que nous habitions était signalée au général commandant l'artillerie aux Chartreux, comme un lieu qui n'était habité que par des ouvriers capables de prêter main-forte aux républicains, dans les déplorables journées des 9, 10, 11, 12, 13 et 14 avril. Nous savions aussi que l'autorité militaire devait nous enterrer sous des décombres, au premiers coup de feu qui partirait de nos habitations plusieurs pièces de canon constamment braquées contre la maison, nous prouvaient assez que nous n'étions pas en proie à de vaines terreurs.

« Jugez, monsieur, d'après ces appréhensions, de l'activité que nous mettions à surveiller les étrangers qui auraient pu, en faisant feu de nos escaliers, attirer sur nous, habitans tranquilles et inoffensifs, des malheurs dont la seule pensée nous fait encore frissonner.

« Malheureusement un homme, qui paraissait être pris de boisson, s'embusqua non loin de la maison, et tira deux coups de fusil nous ne savons dans quelle direction, ni contre qui.

« L'arrêt rendu d'avance fut sur le champ exécuté trois coups de canon furent tirés sur la maison

« Je ne vous dépeindrai pas la morne stupeur qui s'empara de tous les locataires : nos langues se glacèrent et ne retrouvèrent de forces que pour invoquer la protection de Dieu.

« Aucun espoir de salut ne s'offrait à notre esprit. Fallait-il fuir, la mort nous attendait sur le seuil de la porte, les balles sifflaient de toutes parts et sur tous, sans distinction d'âge ni de sexe. Fallait-il rester, un tombeau enflammé s'entrouvrait sous nos pas. Enfin, nos pères, nos femmes, nos amis recevaient nos derniers adieux et nos derniers embrassemens, lorsque le canon cessa de se faire entendre.

« L'homme qui vient d'échapper à un semblable péril, porte ses regards et sa pensée autour de lui, afin de découvrir la main qui est venue à son secours et qui l'a sauvé.

« Nous avons bientôt appris, monsieur le curé, que l'officier commandant aux Chartreux, cédant à vos prières et à vos supplications, avait fait cesser un feu qui nous aurait indubitablement brûlés vivans. Honneur et gloire à jamais à celui qui nous a sauvés d'un pareille désastre ! Que Dieu lui soit en aide, et le conserve pour servir d'exemple aux hommes et pour le bonheur de l'humanité.

« Monsieur le curé, les habitans de la maison Brunet vous supplient de joindre vos prières aux leurs, afin que notre cité et la patrie soient préservées à l'avenir de semblables massacres, pour que les Français ne soient plus qu'un peuple de frères, qu'un peuple généreux, qu'un peuple d'amis, qu'un peuple bienfaisant, humain, religieux, conditions sans lesquelles le bonheur ne peut exister parmi les hommes, qui ne sont réunis que pour se porter mutuellement secours, et non pour s'égorger

« Recevez, monsieur, etc. »

(*Suivent quatre-vingt-trois signatures.*)

Réponse aux habitans de la maison Brunet, à Lyon.

« Mes très-chers paroissiens,

« Je suis on ne peut plus sensible aux sentimens de reconnaissance qui vous ont été dictés, bien plus par votre cœur que par le peu que j'ai pu faire en votre faveur. J'aurais en effet manqué essentiellement à mon devoir, et trahi en outre l'affection que je vous porte, si je n'eusse pas tenté, même avec peu d'espérance de réussir, tous les moyens qui étaient à ma portée, pour détourner de dessus vos têtes des malheurs dont la seule idée faisait frémir. Vous devez du reste attribuer à la protection divine et aux secours de la Sainte-Vierge, que vous avez eu la sagesse d'invoquer, bien plus qu'à moi, le bonheur d'avoir échappé aux dangers qui vous menaçaient. Que Dieu et sa sainte mère en soient donc loués, et non pas moi !....

« Si pourtant vous croyez devoir me savoir quelque gré de l'attachement qu'il me sera toujours si naturel de ressentir pour tous mes paroissiens, et spécialement pour vous, vous comprendrez aisément que votre reconnaissance deviendra encore plus flatteuse pour moi, à proportion du soin que vous mettrez tous à devenir de plus en plus, comme vous le souhaitez à tous les Français, des hommes vraiment amis, bienfaisans, humains, et surtout adonnés à cette religion si capable de procurer les vrais biens, et dont on s'est malheureusement trop écarté. Ce dernier article, mes chers paroissiens, est à mes yeux le plus important de tous, car, mes bons amis, sans un retour sincère à la religion de nos pères, nos maux ne sauraient finir, et il faut d'ailleurs nous procurer, pour un temps plus durable que cette vie, cette paix et cette union dont vous parlez, et dont le besoin se fait si rigoureusement sentir

« Ma jouissance deviendra donc bien douce, si je puis m'apercevoir que, sous ce dernier rapport, mon ministère n'est pas stérile parmi vous, et si les liens entre le troupeau et le pasteur en deviennent plus étroits

« J'ai l'honneur d'être, avec la considération et les sentimens les plus particuliers,

« Mes paroissiens très-aimés,

« Votre humble et dévoué pasteur et ami,

« P. POUSSET,
« curé de Saint-Bruno-les-Chartreux.

« Lyon, aux Chartreux, le 9 mai 1834 »

N° V.

QUARTIER DE LA CROIX-ROUSSE
ET DES GLORIETTES.

Le 14 avril, après midi, un assaut s'engage entre les soldats et les ouvriers qui occupaient la rue des Gloriettes à la Croix-Rousse. Les premiers, après quelques coups de fusil échangés de part et d'autre, parviennent à entrer dans la maison Poulat, dont les fenêtres donnent sur cette rue. En entrant dans la maison, ils forcent la porte de l'appartement d'un nommé Rey, ouvrier en soie, s'emparent de sa personne, veulent le mettre à mort, un enfant de 6 à 7 ans, effrayé de cela, se réfugia entre les bras de son père et fut pris d'horribles convulsions. Le père leur représenta qu'il ne s'était pas tiré un seul coup de fusil de la maison et tâcha de les apitoyer en leur montrant l'état où était son enfant, alors les soldats tournant leurs sabres ailleurs, coupèrent ses pièces, lui volèrent de l'argent et une montre appartenant à sa femme, il est juste de dire que le mercredi, la femme Rey fut faire ses plaintes et que l'officier lui fit rendre sa montre.

Dans la même maison, les soldats frappèrent au 1er, à la porte du nommé Debou, vieillard plus que septuagénaire, il leur crie d'attendre, qu'il va ouvrir, et à mesure qu'il tourne la clef dans la serrure, un coup de fusil part, qui traverse la porte et étend roide mort le pauvre vieillard.

Plus haut ils frappent à une autre porte où était un nommé Remy, ouvrier en soie, qui a une difformité dans les pieds, que l'on nomme pied de bœuf, et comme il ouvrait sa porte, un coup de fusil tiré comme chez M. Debou, lui traverse la main et va blesser sa femme qui était derrière lui. Les soldats entendant plaindre les mariés enfoncent à coups de crosse le briquetage qui fermait leur appartement, et trouvent ces malheureux baignés dans leur sang; ils se contentent d'abattre le rouleau sur lequel était leurs pièces, et vont plus loin continuer le cours de leurs exploits : le nommé Remy est infirme de sa main blessée, sa femme va mieux.

Il est bon d'observer que M. Poulat, proprietaire de la maison où se sont commis ces excès, s'est présenté devant les soldats quand ils sont arrivés, pour les assurer que sa maison avait été tranquille et que pas un coup de fusil n'avait été tiré de là; on le menaça de le tuer s'il n'ouvrait pas de suite. Après cela, les soldats s'emparèrent des appartemens ayant vue sur le nord, pour faire feu sur les insurgés qui étaient dans la rue des Gloriettes et dans le clos Dugas.

J'ai oublié de dire que le vendredi 11 avril, une compagnie de voltigeurs se présenta le soir a neuf heures et demie à la porte de la maison Bertolon, disant qu'un coup de fusil avait été tiré de cette maison, ils apportaient un pétard pour la faire sauter. On a dû à un officier logeant dans cette maison et à plusieurs des locataires, que ce malheur n'ait pas eu lieu. Mais déjà il avait été placé, de l'aveu même de l'officier, qui a obtenu grâce pour la maison. Les soldats ensuite se mirent à visiter depuis les caves jusqu'au grenier, ils ont bu au moins 40 bouteilles de vin au portier et ils ont laissé les robinets ouverts; ils ont enfoncé les portes des appartemens où il n'y avait personne, et ont fini par emmener le portier à la caserne des Bernardines, où ils l'ont retenu deux jours, après lui avoir fait toutes sortes de menaces pour lui arracher un aveu qui pût justifier leur conduite dans cette maison, mais ils l'ont renvoyé sans en rien obtenir. Il est bon de dire que dans la visite, qui a duré deux heures, on n'a pas trouvé la moindre arme ni un grain de poudre, si ce n'est au 6e étage, un vieux sabre si rouillé que l'on n'a pas pu le tirer du fourreau.

Monsieur,

Pour répondre au désir que vous m'avez témoigné d'avoir quelques détails sur ce qui s'est passé dans notre quartier pendant les journées d'avril, je m'empresse d'entrer dans le récit de ces faits, quoique je n'aie pas pu tout recueillir, ayant été obligé de rester chez moi. Le mercredi, premier jour, tout y fut assez tranquille, et l'on pensait être à l'abri de toute atteinte, mais, le jeudi, cela changea de face. Deux compagnies d'un régiment léger, arrivées de Bourg pendant la nuit, ayant été postées à l'angle de la place de la Boucle, attirèrent les coups de quelques ouvriers postés vis à-vis, sur la hauteur, il y en eut un même qui se présenta seul, venant par le quai, que ces soldats blessèrent, mais aussitôt les ouvriers tirèrent plusieurs coups de fusil, dont l'un tua un trompette, alors les soldats se retirèrent, voyant qu'ils étaient trop exposés. Bientôt après ces ouvriers, au nombre tout au plus de 30 à 40, se mirent en devoir d'établir une barricade à l'angle de la place de la Boucle, du côté où ils étaient, qu'ils convertirent bientôt en une redoute très-large et très-profonde, en forme de fer à cheval, pour être à l'abri des coups venant de la barrière de la Ville et du fortin de la Tête-d'Or.

La nuit fut assez tranquille, mais le vendredi matin, les ouvriers de garde à leur redoute ayant arrêté un soldat isolé, qui fut fouillé, et que l'on trouva porteur d'une lettre au général, à Montessuy, qui lui faisait part du projet de retraite de la ville que l'on croyait être obligé de faire, et de faire approvisionner le fort par toutes les provisions que l'on pourrait tirer des alentours, ils vinrent établir une nouvelle barricade sur le quai, à peu près à un tiers de distance de la redoute, contre la maison n° 28, afin d'être plus rapprochés de la barrière où étaient logés les soldats du 27e de ligne, et pouvoir tirer plus sûrement. De leur côté, les soldats firent aussi une barricade, et bouchèrent la barrière avec des plateaux qu'ils crénelèrent, et tout le reste de cette journée se passa à tirer quelques coups de fusil échangés par les soldats et par les ouvriers, qui, au nombre de six à huit, venaient à cette barricade pour tirailler. Le samedi, le quartier fut plus maltraité. L'autorité ayant placé des canons et des obusiers auprès des bains des Brotteaux, plusieurs maisons furent frappées de coups de boulets et d'obus, et furent assez endommagées, sans cependant avoir causé aucun accident aux personnes, mais plusieurs pauvres familles eurent leur mobilier fracassé en partie. Tous ces efforts n'eurent aucun résultat; les soldats continuèrent à tirer des coups de fusil, même contre des gens inoffensifs, surtout sur des femmes et des enfans qui traversaient le Rhône pour s'en aller, et tout le monde attendait le retour de la nuit avec grande impatience. Le dimanche fut un peu moins désolant, à part quelques coups de fusil répétés très-souvent par les soldats, contre les mêmes personnes qui abandonnaient leur domicile. Il n'y eut rien de sérieux, sinon quelques personnes blessées dans la journée. Le lundi, on regardait cette affaire comme terminée, quoique les ouvriers fussent toujours à leur redoute, à la vérité en petit nombre, car plusieurs s'étaient retirés. Les voisins de la barricade avancée se mirent en devoir de la détruire, ce qu'ils firent sans aucune opposition, et ensuite ils allèrent pour en faire autant à la redoute, mais les ouvriers s'y opposèrent, et tout fut assez tranquille dans le quartier, jusque vers les quatre heures du soir, qu'il vint deux compagnies de soldats au pas de charge pour forcer cette redoute, mais elle avait été abandonnée; et ces mêmes soldats, en marchant, avaient leurs armes dirigées contre les habitans, et tiraient plusieurs coups, dont l'un tua une jeune fille auprès de son métier. Il n'était pas prudent d'être derrière sa croisée. En revenant de cette expédition, ils enfoncèrent la porte d'un débitant de tabac, chez qui ils prirent tout son tabac et même l'argent de son tiroir, ce dont ce dernier s'est plaint. Ils montèrent dans plusieurs maisons en menaçant les habitans, sous prétexte que l'on avait tiré sur eux, parce qu'il était parti quelques coups de fusil des coteaux derrière les maisons qui sont entre le quai et la rue des Gloriettes, quelques-unes de ces maisons ayant même une issue pour aller a la Croix-Rousse. Pendant ce qui se passait sur le quai, des soldats s'étaient rendus maîtres de quelques maisons de la rue des Gloriettes, où ils tuèrent un homme âgé de plus de 80 ans, qui était au milieu de sa famille, quelques-uns descendirent le clos et firent prisonniers deux ouvriers qu'ils amenaient sur le quai par le passage à côté de la maison Flavien, lorsque le capitaine qui commandait les troupes stationnées en bas alla au-devant, et fut le premier qui frappa de deux coups de sabre ces deux malheureux prisonniers, qui demandaient à grands cris de n'être pas inhumainement massacrés. Les soldats, a l'exemple de leur chef, les percèrent de plusieurs coups de baïonnette et leur tirèrent ensuite plusieurs coups de fusil. Nous fûmes assez tranquilles, quoique inquiets, le reste de la soirée, et, malgré que l'on n'eût aucune communication avec la ville, voyant les réverbères éclairés soit à la ville, soit aux Brotteaux, cela fit présumer que le combat était terminé. En effet, beaucoup de gens de la ville vinrent nous voir, et, à six heures du soir, le mardi, les communications furent rétablies.

Voilà tous les détails qui se sont passés dans notre quartier Je voudrais pouvoir vous les donner plus circonstanciés

N° VI.

QUARTIER DES COLLINETTES

ET CLOS CASATI.

Les ouvriers étaient retranchés au bout de la rue Imbert-Colomès, derrière un mur crénelé, d'où leur fusillade continuelle inquiétait la troupe, qui passait et repassait par la côte Saint-Sébastien. Le dimanche un capitaine, las de cette guerre cachée, veut, à la tête d'un détachement, pénétrer jusqu'au camp ennemi, à peine a-t-il fait quelques pas dans la rue, qu'il tombe blessé mortellement. Pour masquer leurs mouvemens par la côte, les soldats avaient employé un singulier moyen, ils avaient placé un drap à l'entrée de la rue, ce rideau était composé de quelques pièces de drap qui se trouvaient dans la caserne des Collinettes, il fut bientôt criblé par les balles.

N° VII.

CROIX-ROUSSE.

Le 14 avril, le matin, deux soldats se présentent chez un nommé Perdriau, serrurier, rue Imbert, lui disent de le suivre pour ouvrir une porte, il prend ses crochets et part, on le conduit dans la maison Casati, au 4e, la porte était fermée par un cadenas qui arrêtait une barre de fer servant a cacher l'entrée des serrures. Le sieur Perdriau demande ou est le maître de l'appartement, le caporal lui ordonne d'ouvrir, lui disant que, lorsque la force armée le lui ordonnait, cela était suffisant. Pendant la discussion, un lieutenant qui était au 5e (car la maison était toute occupée par des soldats), descend et ordonne de nouveau au serrurier d'ouvrir, celui-ci voyant qu'il n'y avait pas moyen de se soustraire a cela, observa a l'officier que n'ayant apporté que ses crochets, il faut qu'il aille chez lui chercher les outils nécessaires Il profite de cette occasion pour se sauver, les soldats coururent chez lui, et, ne le trouvant pas, finirent par enfoncer la porte de leur propre autorité.

Le nommé Jacquart, rue Imbert, maison Casati, ouvrier charpentier, était resté chez lui pendant tout le temps de la lutte, le lundi matin il profite d'un moment de calme pour aller chercher de l'eau a la fontaine des Collinettes, il était sans veste et tenait ses deux seaux a la main, lorsqu'un coup de fusil tire par les soldats qui occupaient la maison Casati, le frappe a la tête et l'étend roide mort On le porte a la caserne pour lui donner des secours, l'officier le voyant mort, le fait rapporter à la place où il avait été tué, où il est resté huit heures avant d'être enlevé.

Un nommé Golion, garçon de caisse chez un marchand de soie de cette ville, avait une chambre dans la maison Casati; des soldats s'en emparèrent et le chassèrent. Ils ont profité de son absence pour lui ouvrir sa malle et lui voler du linge et deux épingles en or.

La nommée Claudine, ouvrière en soie, chez M. Jarret, rue Badine, n° 2, descendait, le samedi 12 avril, chercher de l'eau de la maison Bertolon, où elle reste. La cage de l'escalier est à jour du côté du nord, des soldats qui étaient postés dans la maison Burdet, au fond de la rue des Fantasques, au nord, lui tirent un coup de fusil et lui percent la cuisse.

Semblable accident est arrivé à la portière de la même maison, qui en a été quitte pour une légère blessure au petit doigt de la main droite.

N° VIII.

ETAT NUMERIQUE APPROXIMATIF

DES BLESSÉS ET DES MORTS

qui ont été apportés à l'Hôtel-Dieu, à l'hôpital militaire, au dépôt de Saint-Paul et au cimetière de Vaise.

HÔTEL-DIEU.

Blessés apportés vivans, y compris un militaire. . .	129
Idem morts, y compris deux militaires. .	90
Total.	219

Dans ce nombre sont compris :

Hommes au-dessus de 50 ans. . . .	16
Enfans au-dessous de 18 ans.	11
Femmes.	19
Blessés et morts de 18 à 50 ans. . . .	173
Total égal.	219

HÔPITAL MILITAIRE (NOUVELLE DOUANE)

Militaires blessés entrés vivans.	259
Idem apportés morts	16
Total.	275

DÉPÔT DE SAINT-PAUL

Morts apportés audit dépôt, y compris un enfant. . .	18

COMMUNE DE VAISE.

Cadavres apportés au cimetière.

Hommes.	44
Femmes.	2
Enfans.	1
Total.	47

Citoyens de tout âge et de tout sexe, tués ou blessés.	281
Militaires tués ou blessés.	278
Total général.	559

Nota. S'il y avait erreur dans ce chiffre de 559, ce ne pourrait être malheureusement qu'en moins, car il n'a pas été possible d'avoir des renseignemens plus positifs.

Femmes tuées.

On en a compté 13, dont les noms et la demeure suivent :

1° Demoiselle Manderon, commanderie Saint-Georges.
2° Femme Vindry, quai Peyrollerie, n° 137.
3° N***, ouvrière, âgée de 24 ans, quartier Saint-Louis.
4° Femme Hébert, faubourg de Vaise.
5° Femme Saunier, *idem.*
6° Marie N***, ouvrière, rue Saint-Pierre-le-Vieux.
7° Femme Ollagnier, rue des Bouquetiers.
8° Demoiselle Villard, petite rue Mercière.
9° Demoiselle N***, rue Tête-de-Mort, tuée sur la place de l'Herberie.
10° Femme N***, rue du Rempart-d'Ainay.
11° Femme N***, tuée sur le pont du Change.
12° Femme N***, fusillée dans un pré de la Guillotière, avec un enfant.
13° Femme N***, rue de l'Arbre-Sec, n° 24.

Femmes blessées

1° Demoiselle Cupier, ouvrière, quartier Saint-Polycarpe, maison Mermet.

2° Demoiselle Rose, ouvrière, rue des Fantasques, n° 1.

3° Femme Richard, rue du Commerce, n° 20.

4° Femme Rémy, enceinte de cinq mois, blessée d'un coup de baïonnette, à la Croix-Rousse,

5° Femme Ratigny, rue des Gloriettes.

6° Femme Perrin, rue Dorée, n° 8.

7° Demoiselle Boissonnet, rue Trois-Maries, n° 14

8° Femme Bourgat, enceinte de huit mois, rue des Deux-Cousins.

9° Femme Delabarre, rue Mercière, n° 2.

10° Sœur Saint-Jubin, religieuse à la Guillotière.

11° Femme N***, Montée-des-Epies

12° Demoiselle R***, ouvrière en soie, quai de la Charité, n° 154.

13° Femme Durieu, rue Masson.

14° Demoiselle Darvine, *idem.*

15° Demoiselle N***, ouvriere en soie, quai Peyrollerie.

16° Demoiselle N***, *idem*, quartier Saint-Paul

17° Femme Martinet, faubourg Saint-Clair

18° Femme Rodolphe, quartier Saint-François, devenue folle au bruit de l'artillerie, et morte peu de jours après

19° Demoiselle Claudine N***, ouvriere en soie, à la Croix-Rousse

20° Demoiselle N***, Montee-Saint-Barthélemy

N° IX.

NOTE

A L'APPUI DES RECLAMATIONS DE LA VILLE DE LYON.

A peine délivré des horreurs de la guerre civile, Lyon s'est hâté d'envoyer a Paris une commission chargée du noble mandat de solliciter auprès du gouvernement la réparation des graves dommages dont un combat de six jours l'a rendue victime. Cette commission va remplir un devoir sacré en précisant les raisons de droit et d'équité sur lesquelles s'appuient les justes réclamations de la malheureuse cité dont elle est l'organe.

Laisser peser sur quelques citoyens le fardeau des pertes essuyées pendant le cours des déplorables évènemens d'avril, est une pensée tellement injuste et odieuse, qu'elle ne saurait se présenter à l'esprit de personne. Voyons maintenant si le texte des lois reporte la responsabilité des derniers désastres de Lyon sur la commune ou sur l'État.

Aux termes de la loi du 10 vendémiaire an 4, loi de colère et toute pénale, qui châtie la négligence, l'inertie, la lâcheté, « chaque commune est responsable des *délits* « *commis* à force ouverte ou par violence sur son territoire, « par des attroupemens armés ou non armés, etc. »

Pour que la commune de Lyon soit responsable des dévastations qui couvrent son sol, il faut donc qu'elles aient été commises par des attroupemens séditieux, et il n'en est rien, ces dévastations sont *exclusivement le résultat de sa défense militaire*, c'est la défense militaire qui a jugé souverainement des mesures à prendre, c'est elle qui a suppléé à la force numérique de la garnison par *les boulets*, *la mitraille*, *l'incendie*, c'est elle qui a mis une formidable artillerie à la place des bataillons qui lui manquaient.

Et comment la loi de vendémiaire pourrait-elle être applicable à la ville de Lyon? En quoi a-t-elle mérité la peine dont cette loi punit les communes qui n'ont pas arrêté les désordres? Quels reproches peuvent être adressés à ses magistrats? Que les fonctionnaires du gouvernement disent en quoi l'administation municipale n'a pas concouru avec l'autorité supérieure pour conjurer l'orage, ainsi quelle avait déjà réussi à le faire en février dernier. Qu'ils disent si les magistrats municipaux, dépouillés, en vertu d'un arrêté récent, d'une partie de leurs attributions de police, attributions confiées exclusivement aux mains du préfet, avaient la puissance d'eloigner de Lyon les élémens de désordre qui abondent dans une grande ville.

Accusera-t-on les citoyens? Mais tout reproche envers eux est plus impossible encore. La garde nationale n'existe pas à Lyon; le désarmement des bons citoyens a été complet, et si des armes ont échappé aux perquisitions, elles ne pouvaient rester que dans les mains des agitateurs, seuls intéressés à les cacher. Et comment les habitans de Lyon auraient-ils pu se concerter pour concourir a la défense de l'ordre? Leur isolement n'était-il pas absolu? Ne leur était-il pas interdit de circuler dans les rues, d'entr'ouvrir leurs portes, leurs fenêtres, *sous peine de mort*? La commission ne blâme pas ici de si rigoureuses mesures, qui, exigées par l'intérêt de la défense, placent au moins la responsabilité des citoyens a l'abri de toute atteinte.

On ne saurait objecter que la révolte a été la cause des dégats commis dans l'intérêt de la défense, et qu'ainsi la responsabilité doit retomber sur la commune. La loi de l'an 4 ne dit rien de semblable, cette loi est toute pénale, on ne saurait donc en étendre ni aggraver les dispositions, et cette extension, cette aggravation seraient au reste singulièrement injustes, puisqu'elles rendraient responsable celui qui n'a pu ni agir ni empêcher, qui n'a été consulté ni sur la défense ni sur les désastres qu'elle pouvait amener.

Ainsi la commune de Lyon n'a encouru aucune responsabilité à la suite des évènemens d'avril, il ne saurait à cet égard s'élever aucun doute. Mais, aux termes des lois, sur qui doit reposer cette responsabilité? la commission n'hésite pas à le dire, sur l'Etat, et sur l'Etat seulement.

La loi du 14 août 1793, art. 1er, déclare, «au nom de la «patrie, qu'elle indemnisera les citoyens des pertes qu'ils «auront éprouvées ou qu'ils éprouveront par l'invasion de «l'ennemi sur le territoire français, ou par les démolitions «et les dommages que la défense aura exigés.»

Une loi du 6 frimaire an 2 contient des dispositions sur la liquidation des dommages et la mesure de l'indemnité.

Enfin, une loi du 10 messidor an 2 ordonne, pour la garantie de l'application du principe, «qu'aucune indemnité définitive sur les pertes éprouvées par l'invasion et «le ravage des ennemis, ne sera acquittée qu'en vertu d'un «décret.»

Des lois, des ordonnances sans nombre ont fait l'application de ces principes, et une application plus récente encore en a été faite aux dommages, suites de la guerre civile et d'une lutte intestine.

La loi du 30 août 1830 porte, art. 2 : «Toutes les personnes «*dont les propriétés auraient souffert* par suite des évènemens des glorieuses journées des 27, 28 et 29 juillet 1830, «seront indemnisées aux frais de l'État.»

Ce sont aussi de glorieuses journées pour l'armée, que celles où elle a vaincu l'anarchie, et c'est presque la rougeur au front que la commission s'appuie sur le texte des lois pour obtenir des indemnités que les raisons d'équité réclament si hautement.

L'anarchie avait déclaré la guerre à la France, à la civilisation : Lyon a été le champ de bataille où s'est vidé le débat, et c'est a la France à réparer les pertes éprouvées par Lyon, dans l'intérêt de la propriété de tous et des institutions du pays. Non, les citoyens ruinés ne peuvent être abandonnés à leur propre misère, non, des propriétaires ne peuvent être ainsi dépossédés, des familles mises à nu, chassées de leurs domiciles, de leurs lits, sans qu'il y ait réparation, indemnité. Les livrer au malheur qui les frappe, ce serait les plonger dans le désespoir et l'exaspération. Et cette indemnité que l'équité demande, c'est au gouvernement a la payer. L'insurrection organisée à Lyon était toute politique, elle tendait à un changement d'institutions, à l'établissement de la république ou de tout autre gouvernement assis sur le désordre et l'anarchie, c'est ce que prouvent les délibérations des associations républicaines, les proclamations imprimées, placardées dans la journée du 9 avril, les cris de ralliement des insurgés, les drapeaux arborés sur les édifices publics, et les mouvemens qui ont simultanément éclaté à Paris, Châlons, Grenoble, Saint-Etienne et autres villes. Ainsi, c'est le gouvernement qui, attaqué, a usé du droit de sacrifier la chose privée pour sa conservation, mais le sacrifice, *il l'a fait dans son intérêt*, et il doit une réparation. C'est le canon qui a violemment exproprié les citoyens pour cause du salut de l'Etat, c'est l'Etat qui doit le prix de l'expropriation, et cette dette est plus sacrée que dans l'expropriation ordinaire, où, protectrice de la propriété, la loi a voulu que l'indemnité fût préalable.

La dette de la France sera payée. Le gouvernement ne voudra pas que le triomphe de l'ordre coûte des larmes et des regrets. Il sait que le temps, qui efface insensiblement la douleur que causent les pertes personnelles les plus chères, est impuissant à faire oublier les pertes de fortune, les dévastations matérielles. *Chaque rue, chaque maison de Lyon en porte les horribles traces*, et c'est ce hideux spectacle de tous les jours, de tous les instans, qu'il faut se hâter d'arracher aux regards d'une population qu'il afflige et qu'il irrite.

Les membres de la députation de la ville de Lyon,

CHINARD, FAURE-PECLET, TERME.

Paris, 22 avril 1834

N° X.

RAPPORT DE M. AMILHAU

A LA CHAMBRE DES DÉPUTÉS,

SUR L'INDEMNITE A ACCORDER A LA VILLE DE LYON.

Messieurs, la seconde ville du royaume a été surprise par des hommes en armes qui sont venus livrer combat sur son territoire. La guerre la plus destructive de toutes les sociétés civiles a été allumée dans son sein par les factions vaincues, par les étrangers sans patrie, et par tout ce qui n'a plus d'avenir que dans le bouleversement du monde.

Lyon, cette cité puissante en population, féconde en courage, et florissante par son commerce et par son industrie, est devenue le sanglant théâtre sur lequel l'anarchie a planté son drapeau. La révolte s'était promis un triomphe certain, et ce triomphe devait être le signal d'une conflagration générale.

L'état social repose sur deux bases, la liberté et la sûreté. Le corps politique existe par deux moyens, la volonté générale exprimée par la loi, et la force publique qui y soumet : tels sont les principes que l'on a mis en action.

En novembre 1831 une révolte s'éleva a Lyon contre la liberté de l'industrie, elle fut comprimée par la seule force de la loi. Bientôt une grande question industrielle menaça de devenir une question d'existence sociale. Aujourd'hui la sûreté générale a été attaquée, non plus par un attroupement passager, mais par une rébellion armée, dirigée avec une supériorité de stratégie qui prouve la présence de chefs habiles, et soutenue avec l'énergie commune à tous les hommes qui livrent leur dernier combat, et auxquels le désespoir tient lieu de courage. La répression a été prompte et terrible : les torches de l'incendie qui devait embraser la France ont été étouffées sur la lice même où on les avait allumées.

Deux fois, à quarante ans d'intervalle, Lyon est devenu la place d'armes des partis, et deux fois en quarante ans le vainqueur *s'est assis sur des ruines*. Que cette grande leçon de notre histoire ne soit pas perdue pour le pays qui l'a donnée !

Au bruit des évènemens de Lyon, la capitale s'est émue, mais lorsqu'on a voulu porter la guerre civile dans son sein, elle s'est réveillée grande, pleine d'énergie, et quoique l'ennemi fût peu digne de son courage, à l'attitude qu'elle a prise, on a pu comprendre qu'elle voyait là son avenir tout entier.

La capitale est debout, *et Lyon a subi les ravages d'une horrible dévastation, les lois de la guerre ont été appliquées avec toutes les conséquences. Des habitations sont tombées au bruit de la foudre, ou ont été dévorées par l'incendie. Des citoyens inoffensifs, des femmes, des enfans sont morts victimes des moyens employés pour comprimer et réduire la rébellion.* D'autres ont perdu tout ce qui faisait la consolation de leur vie, et peut-être leurs seuls moyens d'existence.

C'est au nom de la patrie en danger que l'on a fait ce terrible sacrifice, et c'est à la vue de ces sanglans débris que le gouvernement en appelle à notre justice, à notre politique, à notre humanité.

Votre commission a compris toute l'importance de la question qui lui était soumise, et quoique douloureusement affectée par le tableau qui s'offrait à ses regards, elle a dél béré avec le calme et l'attention que votre confiance lui imposait.

La question d'indemnité qui semblait surgir des motifs du projet de loi, a été écartée tout d'abord par l'unanimité de votre commission, comme contraire a tous les principes de législation et d'une sage économie.

Deux avis ont été presque immédiatement ouverts sur le projet même du gouvernement, relatif à une demande de secours. Les uns voulaient le repousser comme contenant un principe fécond en desastreuses consequences : *il faut apprendre aux citoyens qu'ils sont aussi les gardiens de la chose publique, qu'ils doivent veiller a la défense de l'ordre et au salut de l Etat, et que l'indifférence les expose à des malheurs et a une large responsabilite.* L'intérêt et les nécessités actuelles du trésor se joignent a la politique pour commander ce système, mais la majorité de votre commission, en presence des évènemens, a cru devoir céder à des considérations de l'ordre le plus élevé

Lyon est dans une situation toute exceptionnelle. Dans cette derniere bataille que les factions ont voulu livrer au gouvernement du pays, c'est sans son aveu, sans son concours qu'on l'a choisi pour être le théâtre de ces sanglans débats *Désarmée, sans garde nationale en activité de service, sans magistrats municipaux* (leurs pouvoirs avaient été, dès le premier moment, suspendus par l'autorité supérieure), *que pouvait cette ville infortunée pour repousser et détruire la rébellion?* Que pouvaient de simples citoyens, *lorsqu'une résolution militaire leur défendait de sortir de leur demeure pour subvenir aux premiers besoins de la vie, et qu'ils étaient exposés a périr ou par les explosions destinées aux rebelles, ou par l'incendie destinée a les réduire?*

Ils ont obéi à la loi militaire, et *cependant la destruction qui a brisé leurs maisons n'est point l'ouvrage des rebelles*, tel est le résultat des circonstances qui commandaient impérieusement, n'importe par quels sacrifices, d'étouffer le mal à son berceau.

Votre commission n'a pu entrer dans l'examen de toutes les nécessités qui pesaient alors sur ceux qui étaient chargés d'arrêter la rébellion. Elle croit que ces sacrifices ont été utiles à la France, *à l'autre Chambre appartient d'examiner s'ils furent nécessaires.*

Quel qu'en soit le résultat, *la ville de Lyon offre un monceau de ruines et d'irréparables malheurs.* C'est cette position seule que votre commision a envisagée. Elle ne s'est occupée que des personnes : elle a pensé que la France, *qui accueille d'une manière si libérale les réfugiés de toutes les nations, ne pouvait être insensible au malheur de ses propres citoyens*

Il est des fautes que les lois sont impuissantes à punir, il est des dommages que toutes les condamnations ne sauraient réparer. Aussi nous avons laissé tout cela dans le domaine ordinaire des lois et des juridictions; et sans admettre aucun des principes du projet a cet égard, nous n'avons songé qu'à porter des secours dans une situation dont on ne pouvait contester l'urgence, et qui faisait exception a toutes les règles

A cela on fait des objections diverses La loi de vendemiaire an 4 est partout en pleine exécution, pourquoi Lyon serait-il traité plus favorablement que plusieurs autres villes qui viennent de subir l'empire de cette loi ? Faudra-t-il, au milieu de la détresse publique, charger les budgets de l'Etat de tous les fléaux que la Providence ou la main des hommes pourront infliger à nos malheureuses contrées ?

Nous ne répudions pas le principe de la loi de vendémiaire, principe d'une sage et prudente politique. Mais, sans en provoquer ni en exclure l'application dans cette grave circonstance, nous faisons ce que l'Etat seul peut faire, la justice est toujours lente, elle est souvent incomplete, et en attendant ses décrets, la seconde ville de France, depuis long-temps en état de crise, est menacée dans son commerce, dans le crédit, qui fait sa grandeur et sa prospérité. Ce n'est pas à des ruines encore fumantes que l'on viendra confier le soin de mettre en œuvre les trésors de la nature, même dans un intérêt général et dans un besoin de conservation. La politique nous commande d'ailleurs d'effacer toutes les traces de ce désordre, la paix et la prospérité de Lyon, c'est une partie de la fortune de la France. Toutefois, ce n'est pas a la commune que nous entendons apporter nos secours : quelque obérée qu'elle soit, et malgré les agitations successives dont elle a été victime, nous ne pouvons rien pour elle *l'Etat ne saurait être garant des dommages qu'elle a éprouvés*, mais des hommes, des femmes, des enfans sans asile, errent à l'entour de leur demeure, ils sont sans pain et sans asile, et ce sont des secours que l'on vous demande pour eux. Existe-t-il sur aucun autre point de la France une semblable infortune?

Au milieu des perturbations perpétuelles qui ont troublé notre patrie, est-ce un exemple nouveau que cette concession de secours, *et la révolution de juillet n'a-t-elle pas été fertile en lois de cette nature, et qui offraient par la somme accordée une bien autre importance ?*

C'est ici une affaire de gouvernement, et non une affaire de commune, et votre commission a pensé, a une majorité de sept voix contre deux, qu'il y avait lieu a accorder des secours

Quelques opinions se sont élevées pour prétendre qu'il fallait attendre que l'on fût revenu du trouble profond qu'une commotion aussi violente a dû apporter dans les esprits, laisser à la justice ordinaire son cours. et, après le résultat des condamnations, en cas d'insuffisance du budget de la ville, fournir une subvention.

Ce système n'est pas le nôtre, messieurs. L'État ne doit

aucune subvention, il ne prend aucune part aux prétentions qui pourront s'élever devant les tribunaux, et il ne veut assumer sur lui aucune responsabilité.

Le mal est profond. Selon certains esprits, *il convient de provoquer une enquête sur les évènemens, sur leur direction et sur leurs causes; il faut savoir qui doit assumer sur sa tête la responsabilité d'un système de ravage et de destruction.....*

Ces vœux sont déja remplis l'un des grands pouvoirs de l'Etat est appelé a prononcer a la face du pays. Il le fera avec cette haute sagesse, cette raison profonde et cette noble indépendance qui ne redoutent ni le présent, ni l'avenir, ni les hommes, ni leurs passions, ni leur puissance, ni leur position sociale.

Mais cette enquête, quelque imposante qu'elle soit, ne peut répondre aux besoins de secours qui nous sont exprimés par une population malheureuse. L'enquête sera longue; ce ne sera qu'après de mûres réflexions qu'une résolution de la Cour des pairs apprendra a la France si elle s'est trompée dans l'opinion unanime qu'elle a portée sur les évènemens de Lyon.

En attendant, songez au préjudice immense et chaque jour irréparable que les évenemens de Lyon ont porté a notre commerce et à notre industrie, arrêtez votre pensée sur la triste influence que ces mêmes évènemens auront sur l'état actuel et sur l'avenir de cette ville désolée. Votre haute raison peut d'avance prévoir les tristes conséquences d'une révolte aussi criminelle qu'insensée. Mais s'il ne nous est pas donné de les réparer, du moins ne demeurons pas contemplateurs stoiques des maux incalculables que cette catastrophe a produits Ne laissons pas livrés aux convulsions de la misère et du desespoir des hommes sans pain, sans asile, *dont nous n'avons brisé la fortune que pour assurer le salut de l'Etat et notre repos*

Les secours une fois consacrés, je ne m'arrêterai pas long-temps pour savoir quelle doit en être la quotité · ce n'est pas par des détails plus ou moins exacts qu'on peut procéder, c'est ce vaste ensemble qui doit fixer notre attention. Des rapports faits au sein de la commission lui ont fait craindre que le gouvernement ne se fît illusion sur l'étendue du dommage. Les accidens consécutifs semblent le prouver. Des maisons restées debout s'écroulent, d'autres qui paraissent intactes font un mouvement qui annonce une cause de ruine. Dans une rue du faubourg de la Guillotière, dans le quartier le plus pauvre de Lyon, huit maisons consécutives ont été détruites ou incendiées. Il est des citoyens qui pourront n'être que médiocrement affectés de ces pertes, et ce n'est pas cette position de fortune qui détermine notre vote mais tous ne sont pas à même de supporter ces sacrifices.

Le principe que votre commission a adopté ne lui permettrait pas de s'étendre au-delà des limites que le malheur semble prescrire. *Et même, en estimant le mal plus considérable, elle a cru devoir réduire a un million la somme réclamée.* Des avis se sont ouverts pour des sommes inférieures, mais la majorité s'est réunie a l'opinion que j'ai l'honneur de vous soumettre

Nous aurions voulu qu'il nous fût permis d'effacer du projet la disposition qui excepte du secours ceux qui auront pris part à la rébellion, mais nous avons senti que dans cette circonstance la générosité devait céder a une haute leçon de morale publique. Aussi bien les veuves et les enfans des coupables ne sont pas, dans notre systeme, deshérités de toute pitié, et c'est un motif de plus pour maintenir une exception qui ne frappe que la personne des rebelles.

Si la ville de Lyon a eu des torts, ne les a-t-elle pas cruellement expiés, et ses habitans ne sont-ils pas bien a plain dre? N'est-ce rien que la terreur et la douleur de toutes les familles, que de voir la propriété insultée, envahie, detruite, l'existence de tous menacée, et d'être exposé à périr par les ravages des factieux ou par la protection du pouvoir?

Esperons que ces milices nationales, ces légions de citoyens armés pour la défense de l'Etat, le maintien de la paix et la conservation des lois, préviendront le retour de ces tentatives criminelles qui ont ébranlé la société tout entière, espérons que nous n'éprouverons plus ces secousses terribles qui ne présenteraient bientôt dans la France entière que les tristes débris d'un honteux naufrage.

La liberté n'aurait-elle lui un instant à nos yeux que pour s'éloigner en nous laissant le sentiment amer que nous ne sommes pas dignes de la posséder? Je ne le pense pas. Après les violentes épreuves que notre révolution a subies, l'avenir est à nous. Avec un sol si fertile, une industrie si féconde, avec un commerce tel que le nôtre et tant de moyens de prospérité, la paix intérieure, l'ordre et la sécurité de tous ramèneront aussi dans nos finances un équilibre nécessaire et désiré. Qu'on nous laisse le repos intérieur, et loin de surcharger les peuples, il sera facile d'améliorer leur sort.

En voyant que la France, toujours grande et généreuse, a consulté plutôt leur infortune que les ressources du trésor, les Lyonnais sentiront que, sauve-garde de l'une de nos frontières, ils eurent l'honneur de la défendre contre une invasion étrangère, et que, dépositaires du commerce et de la richesse de la France, ils ne doivent pas les livrer a nos ennemis intérieurs. Les troubles et les séditions portent une atteinte grave à la fortune de leur cité, qui ne peut prospérer qu'à l'ombre d'un gouvernement régulier et à des conditions d'ordre et de paix que les factions sont dans l'impuissance de lui donner.

Puissent tous les Français, contemplant avec douleur la

destruction de ces demeures et les funérailles d'une partie de nos populations, concevoir pour l'anarchie et les discordes civiles, une horreur égale aux funestes résultats qu'elles ont produits!

Voici le projet que votre commission m'a chargé de vous proposer

PROJET DE LOI.

Art. 1er. Il est ouvert au ministre de l'intérieur un crédit d'un million pour être distribué à ceux qui ont souffert des désordres de Lyon dans les journées des 9, 10, 11, 12, 13 et 14 avril 1834, et qui se trouvent dans la position la plus malheureuse.

Art. 2. Ne pourront participer à ces secours ceux qui auront été condamnés pour avoir pris part à la rébellion.

Art. 3. Il sera formé, par une ordonnance du roi, une commission gratuite chargée de la distribution de ce secours (1).

(1) Les propriétaires sont en instance auprès des tribunaux, nous verrons si la justice du pays prononcera comme celle du juste-milieu.

FIN.

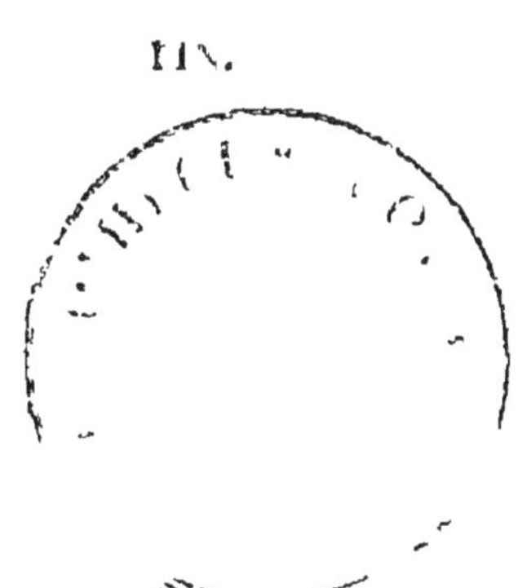

www.ingramcontent.com/pod-product-compliance
Ingram Content Group UK Ltd.
Pitfield, Milton Keynes, MK11 3LW, UK
UKHW020204250726
13967UKWH00003B/1261